Der einfache Friede
des Franz von Assisi

Reflektionen über das geistige Leben
des Heiligen Franziskus

Bruce Davis

Der einfache Friede des Franz von Assisi

Reflektionen über das geistige Leben des Heiligen Franziskus

ch. falk verlag

Aus dem Amerikanischen
von Anna-Christine Raßmann

© ch. falk verlag, seeon 1996

Umschlaggestaltung: Ch. Falk und Sabine Becker-Will

Satz u. Gestaltung: Plejaden Publishing Service, Boltersen
Druck: Druckerei Sonnenschein, Hersbruck

Printed in Germany
ISBN 3-89568-022-2

Inhaltsverzeichnis

Einleitung   7

Kapitel 1	Der Anfang	9
Kapitel 2	Die Seele spricht	14
Kapitel 3	Nach der Verwandlung	19
Kapitel 4	Klara	26
Kapitel 5	Die Suche nach höherer Autorität, der Papst und Poggio Bustone	31
Kapitel 6	Franziskus und seine Brüder	44
Kapitel 7	Frau Armut	58
Kapitel 8	Der frühe Morgen	70
Kapitel 9	Die Heilige Mutter	80
Kapitel 10	Der Segen großer Schwierigkeiten	89
Kapitel 11	Grecchio	99
Kapitel 12	Die Unerwünschten und Abgelehnten	110
Kapitel 13	Frühlingsblüten	116
Kapitel 14	Der Weg der Ewigkeit	125

Bücherverzeichnis   135
Lektürevorschläge   135

Einleitung

Vor achthundert Jahren lebte ein Mann, dessen Leben bis auf den heutigen Tag unser wahres geistiges Wesen und Potential offenbart. Franziskus von Assisi, bekannt als der menschlichste unter den Heiligen, spiegelt unsere tiefste Sehnsucht nach dem Wissen um die Seele und um Gott in uns wider. Seine Schritte damals vor so langer Zeit inspirieren unseren geistigen Weg heute – jenseits aller Grenzen von Nationalität, Kultur oder Religion. Er führte ein Leben äußerster Großzügigkeit. Seine Einfachheit, seine Demut und Hingabe wärmen und fordern das Herz eines jeden heraus, der sich dem gotterfüllten Leben verschrieben hat.

Dieses Buch behandelt nicht so sehr die Geschichte des Heiligen Franziskus, sondern das, was hinter dieser Geschichte liegt, es handelt von dem inneren Leben, das Franziskus dazu trieb, so sehr der Liebe zu leben. Die Schritte, die das menschliche Herz unternimmt, um Gott zu entdecken, sind persönlicher Art und bei jedem Menschen einzigartig. Franziskus von Assisi inspiriert uns durch seine Schriften, durch die Geschichten seiner Abenteuer und vor allem durch die Höhlen und Gärten, die Klöster und Berghänge, wo er lebte. Er zeigt uns Schritte, die wir alle gehen können. Ich möchte in diesem Buche zeigen, wohin Franziskus von Assisi meine eigene spirituelle Suche lenkte und wo er mich in Assisi und in den Tälern und Bergen der umliegenden Landschaft Umbriens berührte. *Der einfache Frieden* spricht von der Inspiration, die uns das Leben Franziskus' und seiner Brüder heute schenkt, so als sei inzwischen keine Zeit vergangen. Die Reise ihrer Herzen in die Ewigkeit lädt jetzt, in der Gegenwart, auch die unsrigen dazu ein.

Kapitel 1

Der Anfang

Franziskus stand hoch oben auf dem Berg Subasio oberhalb Assisi. Er hatte die Arme freudig erhoben. Das Sonnenlicht tanzte durch die Bäume. Nur die Stille war da und das Licht, das von den Blättern auf den Waldboden und auf Franziskus' mageren Körper fiel. In diesem Augenblick wünschte er sich nichts weiter als sich ganz und gar hinzugeben und dem Schöpfer all dessen, was er erlebte, zu danken.

Langsam und widerstrebend wanderte Franziskus nach Assisi zurück. Er fragte sich, wie er zugleich so voller Hoffnung sein und seiner Zukunft so hoffnungslos entgegensehen konnte. Wie sollte er sich von den Erwartungen seiner wohlhabenden Familie lösen, einer Familie, die scheinbar alles besaß, außer Glück? Wie konnte er sich von den Ansprüchen des Lebens im Assisi des zwölften Jahrhunderts befreien und zu seiner wahren Bestimmung finden?

Die Heilige Mutter Kirche lag in Fehde mit rivalisierenden Königreichen. Die Kirchenväter steckten bis über die Ohren in Skandalen, die sie von ihren heiligen Pflichten ablenkten. Kreuzzüge im Namen Gottes brachten viel Unglück über die kleinen Städte und Dörfer in Europa.

Franziskus, von Natur aus eher Troubadour und Liebender als Kreuzritter, ließ sich von Vaterlandsliebe und Familienstolz dazu verleiten, in den Kampf gegen das benachbarte Perugia zu ziehen. Kaum an die neue Rüstung und sein weißes Pferd gewöhnt, wurde er auch schon gefangengenommen und saß binnen weniger Tage in einem perugianischen Gefängnis.

Es ist nicht klar, welches seiner folgenden Erlebnisse den ernüchterten Kreuzritter zu dem ganz dem Leben seiner Seele hingegebenen Manne machte. Als Gefangener eines ungerechten Krieges saß er allein in dieser schrecklichen Zelle – vielleicht war es das, was seine Träume, in die Fußstapfen des Vaters zu treten und ein erfolgreicher Händler zu werden, zerbrach. Vielleicht dämpfte auch die schleichende Krankheit, an der er nach seiner Entlassung litt, die Phantasien, ein galanter Liebhaber und fahrender Sänger zu werden. Oder vielleicht war es einfach die Sehnsucht nach Ehrlichkeit und Wahrheit, die viele junge Menschen empfinden und die Franziskus veranlaßte, die Vorstellungen seiner Eltern für seine Zukunft zurückzuweisen. Niemand weiß genau, welches Erlebnis sein Herz prägte. Klar ist jedoch, daß er entschied: Ein Leben ohne wahre Liebe wäre sinnlos.

Er konnte ganz gewiß keinen Sinn darin finden, in der Kleiderfabrik seines Vaters Reichtümer anzuhäufen, während die Arbeiter kaum besser als Sklaven lebten. Noch konnte er mit seiner französischen Mutter, die mittlerweile aus Angst vor dem Zorn und starken Willen seines Vaters im Haus ein Schattendasein führte, halbherzige Gebete hersagen. Die Ungerechtigkeit, die ihn umgab, war zu groß, als daß er sie einfach hätte übersehen können. Das ihm zugedachte Leben war zu eingeschränkt, zu beengend. Die Stimme in seinem Herzen sagte nein. Dieses Wissen, daß er bestimmte Dinge *nicht* wollte, war ihm zu Beginn seiner Suche nach einem Leben für die Seele Führung genug.

Franziskus wollte nicht wie auf den Kreuzzügen für etwas kämpfen, was nichts als Vorwand für irgendwelche selbstsüchtigen Ziele war. Er wollte nicht heiraten, wenn es dabei um Ansehen und Pflicht ging und nicht um Liebe. Er wollte nicht arbeiten, nur um zu arbeiten. Das Leben mußte doch mehr sein, als nur einfach so dahinzuleben. Aber wohin wendet man sich, wenn man verzweifelt nach einem Ziel und einer Führung sucht?

Franziskus lebte hin- und hergerissen zwischen Euphorie und Depression, zwischen seiner Gottesgewißheit und der Qual, Gott nicht erreichen zu können. Er rebellierte gegen die Vorstellungen und Erwartungen der anderen und zog sich in seine innere Welt zurück. Inmitten seines turbulenten Lebens gab es eine Insel der Ruhe und des jugendlichen Sehnens. Er hatte immer den Platz in seinem Inneren, wo er dem Zorn des Vaters und den Forderungen der Welt entgehen konnte. Er ließ einfach draußen, was ihm nicht behagte, und blieb in seiner eigenen Energie und seinem Frieden. Er ging viel spazieren und sprach mit den Bäumen. Er saß bei den kleinen Blumen, dankbar, sich ihrer Schönheit erfreuen zu können, bevor die Blütenblätter welkten und für immer vergingen.

Franziskus nahm an, daß jeder Mensch solche innigen Augenblicke kannte. Anstatt sich den Forderungen der Welt zu beugen, ging er an seinen geheimen Ort, wo niemand ihn erreichen konnte. Er sprach nicht groß davon. Seine Eltern hielten es für Phantasterei und dachten, es würde sich schon geben, wenn er älter würde. Selbst Franziskus war sich nicht sicher, ob seine inneren Reisen wirklich waren oder nur Einbildung. Es war ihm gleichgültig. Er hatte seine innere Heimat, in die niemand eindringen konnte. Er unternahm lange Wanderungen durch die Landschaft Umbriens, wo er sich ungestört fühlte. Die Schönheit der Natur verschmolz mit seiner inneren Welt und wies ihm den Weg zu seiner Seele.

Ob Franziskus vor dem Leben davonlief oder das wahre Leben fand, ist eine Frage des Standpunkts. Welche Welt würde er die wahre nennen, das Alltagsleben mit seinen Anforderungen oder das eigene innere Leben? Eines war klar: in der Natur kamen beide Welten zusammen. Hier fühlte er sich heil. Er konnte sich spüren, konnte fühlen, was es heißt, Mensch zu sein – zwei Arme, zwei Beine, ein Herz. In den Wäldern Mittelitaliens, die so voller Leben waren, empfand er sich nur als ein Geschöpf unter allen Geschöpfen Gottes. Er sorgte sich nicht darum, was die anderen von ihm wollten. Niemand sagte ihm, was er zu tun habe. Der

Krieg gegen Perugia war vorbei. Franziskus wollte sein Leben nicht mehr für jemand anderen leben. Jetzt hatte er eine schwierigere Reise vor sich – es ging darum, ein wirkliches und wahres Leben zu finden.

Sein einziger Begleiter war ein alter Priester, halb taub, halb verkrüppelt und für viele nur halb am Leben. Aber dieser Priester nahm ihn an. Er fragte nicht viel. Er hieß ihn einfach in seiner Behausung in der Ruine der alten Kirche San Damiano, unterhalb Assisis, willkommen. Irgendwie war es passend, in der Ruine zu wohnen, in welcher nur der dem Wind und Wetter ausgesetzte steinerne Altar und ein umgestürztes Kreuz daran erinnerten, daß dies eine Kirche war.

Das Kreuz nahm Franziskus viele Stunden lang gefangen. Es war kein typisches Kreuz mit einem schmerzverzerrten Christus daran. Franziskus hatte nie verstanden, wieso die Kirche so hartnäckig das Leid verehrte. Davon gab es doch schon übergenug. Dieses Kreuz hier zeigte Jesus nackt, als Auferstandenen. Franziskus fühlte sich nackt, und er sehnte sich nach Auferstehung. Das Bild des auferstandenen Christus inmitten der alten Kirchenruine war vollkommen. Christus und Franziskus sehnten sich nach etwas, und es paßte, daß sie zusammen waren.

Des Nachts saß Franziskus mit dem alten Priester am Feuer. Unter den Sternen zu schlafen erfüllte sie beide mit Hoffnung. Der alte Priester liebte die frische Luft wegen seiner Leiden, und Franziskus liebte sie wegen seiner Depressionen. Tagsüber hörte er in seinem Kopfe immer und immer wieder die laute Stimme seines Vaters: „Wann wirst du endlich aufhören, untätig herumzusitzen? Wann wirst du endlich etwas aus deinem Leben machen?" Die Frage saß ihm in den Knochen, denn er wünschte sich ebenso sehr wie alle anderen eine Antwort darauf. Die Stimmen der Dorfbewohner und seine eigenen inneren Dialoge verfolgten ihn sogar auf seinen einsamen Wanderungen durch die Wälder. Was soll man mit seinem Leben anfangen?

Alle taten anscheinend so viel, und irgendwie taten sie auch wieder nichts. Alle waren unentwegt beschäftigt, nur nicht mit dem, worauf es im Leben ankam. Wenn er die Gesichter seiner Freunde und Nachbarn in Assisi vor seinem inneren Auge vorüberziehen ließ, so war kaum eines dabei, das Sanftmut und Freundlichkeit ausstrahlte. Es gab niemanden, der ihn inspiriert hätte, dem er es hätte nachtun wollen. Selbst die Kirchenältesten standen unter Druck und verzehrten sich in Sorgen und Spannungen. Niemand freute sich an den Blumen – schon gar nicht an den Blumen des Herzens. Niemand achtete auf die Schönheit des Sonnenunterganges. Vor dem Regen flüchtete man. Fragte er jemanden, ob der Mond voll sei oder erst anfange zu wachsen, dann wußte es der Angesprochene in den meisten Fällen nicht. Was ist aus der Freude geworden? Warum geben sich so viele Menschen mit so wenig zufrieden?

Kapitel 2

Die Seele spricht

In einem vom Geiste erfüllten Leben können außergewöhnliche Ereignisse oder Erlebnisse, eine überraschende Begegnung etwa oder ein klarer Traum, ein reines Licht schaffen, das den verwirrenden Hindernissen des Alltagslebens entgegenwirkt. Franziskus hatte mehrere solcher Erfahrungen, und mit der Zeit verstand er ihre Bedeutung und ihren inneren Zusammenhang.

Eines Abends kehrte er mit dem Gefühl nach San Damiano zurück, als sei er körperlich geschlagen worden. Den ganzen langen, kalten Tag lang hatte er sich anhören müssen, was seine Mitbürger in Assisi von ihm hielten. Die Leute eiferten sich lautstark über den schändlichen Faulenzer in ihrer Stadt, Franziskus, Sohn des Peter Bernardone, weil sie fürchteten, wenn dieser so ziellos auf dem Stadtplatz saß, könnte er am Ende den jungen Burschen von Assisi ein schlechtes Beispiel geben. Die Ablehnung der Bürger und sein eigener innerer Aufruhr waren beinahe zu viel für Franziskus. Er hatte das Gefühl, das Herz müsse ihm brechen. Er fiel auf die Knie und betete inbrünstig zu Jesus Christus. Ohne von dem alten Kreuz eine Antwort zu erwarten, schaute er auf und sah Jesus in voller Klarheit vor sich stehen. Bevor er sich noch aufrichten oder begreifen konnte, was geschah, sprach Jesus zu ihm: „Baue meine Kirche wieder auf!"

Die Vision verschwand so rasch wie sie gekommen war. Für Franziskus war es jedoch erst der Anfang. In dieser Nacht waren Erde und Himmel voller Leben. Die Klänge der Natur waren überall um ihn her. Die Sterne waren nicht mehr fern, sondern zum Greifen nahe, ganz und gar gegenwärtig. Dieses Erlebnis war wirklich, viel wirklicher als jede gewöhnliche Begegnung. Christus, nackt, stand da und sprach: „Baue meine Kirche wieder auf!" Wieder und wieder ließ Franziskus diesen kurzen Augenblick vor seinem geistigen Augen vorüberziehen und bewegte ihn in seinem Herzen. Wie so viele Menschen, die ein spirituelles Erlebnis haben, eine Einsicht oder Vision empfangen oder eine Stimme hören, nahm Franziskus die Botschaft wörtlich. Er würde die Kirche wieder aufbauen. Am nächsten Tag begann er, die umherliegenden Steine der Ruine aufzusammeln und die Mauern von San Damiano wieder aufzubauen. Als alle gefundenen Steine wieder an ihren Platz gesetzt waren, ging er zu einem nahegelegenen Steinbruch oder in die Stadt, um neue zu holen. Er wollte seinen Vater nicht um Geld bitten. Hinter dem Rücken seines Vaters borgte er sich deshalb Steine oder bettelte darum – um Steine für den Wiederaufbau von San Damiano.

Die Leute von Assisi dachten nur, Franziskus sei noch verrückter geworden, als er sowieso schon war. Er bettelte um Steine, um San Damiano wieder aufzubauen! Das Gemunkel in der Stadt war kaum noch ein Gemunkel zu nennen. Alle waren sich einig, daß Franziskus im Krieg gegen Perugia den Verstand verloren und sich von der langen Krankheit danach nicht wieder erholt hätte. Franziskus' innere Stimme sagte jedoch: „Ich habe etwas gefunden, was das Leben lebenswert macht. Wenn ich im Kreuzzug den Verstand verloren habe, dann habe ich am Kreuz in der Ruine von San Damiano wenigstens mein Herz gefunden."

Franziskus hatte eine schlechte Meinung von Leuten, die zwar über Gott sprachen, währenddessen aber ihr selbstsüchtiges Leben weiterlebten. Er tat etwas! Er sammelte Steine für Gottes Kirche.

Eines Tages trug er eben Steine den Hügel von Assisi hinunter, als ihm von unten ein Leprakranker entgegenkam. Er konnte ihm nicht ausweichen. Franziskus wurde nervös. Er wollte seine Steine nicht ablegen, um die Börse zu ziehen und dem Kranken etwas zu geben. Er wollte ihm überhaupt nicht begegnen. Der Mann in seinen zerrissenen Kleidern und mit den offenen Wunden an Kopf und Leib steuerte jedoch direkt auf ihn zu. Sekunden vergingen wie eine Ewigkeit. Als Franziskus sich abwenden wollte, wie er es immer getan hatte, fesselte irgend etwas seine Aufmerksamkeit. Der Lepröse war gar nicht so häßlich. Er sah den jungen Mann genauer an. Die Einzelheiten seiner Kleidung, seinen Körper, sein Gesicht – überraschenderweise war der Mann eigentlich schön. Er war ein Mensch. Jede Wunde seines Körpers erzählte eine Geschichte. Seine Augen waren eingesunken, aber nicht besiegt. Die seltsam hervorstechende Nase sah halb zerfressen aus. Als Franziskus an ihm vorbeiging, fiel sein Blick auf die Handflächen des Mannes, die sanft, weich und verletzlich aussahen. Als der Leprakranke jetzt den Berg hinaufstieg, stand Franziskus noch immer da und sah ihm nach, trank die Einzelheiten ihrer Begegnung in sich hinein. Sein Leben lang hatte er sich abgewandt, wenn er etwas sah, was ihn auch nur im geringsten störte. Diese Dinge, auch wenn es sich um Menschen handelte, existierten nicht für ihn. Heute setzte etwas dieser automatischen Reaktion ein Ende, und er wagte hinzuschauen. Dieser Leprakranke war ein Mensch. Er hatte eine Seele. Bevor er noch wußte, wie ihm geschah, ließ Franziskus seine Steine fallen und lief den Berg wieder hinauf, um den Fremden einzuholen.

Überrascht wandte sich der Mann um und sah ihn an. Franziskus rang um Worte. Hilflos gestikulierend brachte er seine Verlegenheit zum Ausdruck, und dann trat er plötzlich auf den Fremden zu, berührte sein Gesicht und, ja, er küßte ihn auf den Mund. Der Leprakranke war in diesem Augenblick Gott, und Gott befreite Franziskus. Als er zurücktrat, lächelte der Kranke über das ganze Gesicht. Langsam drehte er sich um und setzte seinen Weg fort. Für Franziskus jedoch war von jetzt an alles Häßliche für immer ein Teil der göttlichen Schönheit. Der Lepröse war ein Mensch, nicht einfach nur ein Leprakranker. Franziskus sah

Armut, Leid und Tod nie mehr wie zuvor. Sein Herz mußte nur einmal hinschauen, und er sah, was wirklich war. Wie kann Nacktheit anders gesehen werden als heilig?

In Franziskus' Vater erweckte die Nacktheit des Sohnes alles andere als heilige Gefühle. Er war wütend, um es genauer zu sagen. Franziskus' einfaches Leben, sein völliger Mangel an Ehrgeiz, die Sanftmut, von der Franziskus immerfort zu sprechen schien – seinem Vater wurde davon übel. Wenn Franziskus den Leuten von Assisi und seinem Vater gegenüberstand, versuchte er daran zu denken, daß auch der gekreuzigte Christus von vielen abgelehnt worden war. Sein Vater war wütend, und die ganze Stadt schien derselben Meinung zu sein: Franziskus taugte nichts!

Eines Tages aß er bei seinen Eltern zu Abend. Die Sonne malte Lichtbögen auf den Tisch, und Franziskus fühlte sich erhoben. Dies war sein Augenblick! Er wollte ihnen schildern, was jetzt in seinem Leben wichtig war. Vater und Mutter würden gewiß sein Herz hören und getröstet sein. Franziskus sah aus dem Fenster. Er sprach vom Licht der Sonne und von dem Licht, das sein Herz ergriffen hatte. Als er von seiner Freude an all den kleinen Dingen sprach, wurde es dem Vater zuviel. Franziskus erzählte seine Geschichte – wie jeder Stein, den er in die Kirchenmauer eingefügt hatte, zu ihm zu sprechen schien – und bemerkte kaum, daß sein Vater den Teller weggeschoben hatte und vom Tisch aufgestanden war. Als er gerade um etwas Geld für neue Steine bitten wollte, packte der Vater ihn. Die Mutter schrie entsetzt auf, als Peter Bernardone den zarten Franziskus hochhob und auf den Steinboden schleuderte.

Franziskus, als wolle er seinen Vater doch noch überzeugen, stürzte zum Fenster, raffte einen Stapel Stoffe aus der väterlichen Werkstatt zusammen und schleuderte ihn aus dem Fenster auf die Straße hinunter. „Verschenke deine Reichtümer, wenn sie dir keinen Frieden bringen", rief er. „Gib alles weg, damit du in Ewigkeit das wahre Leben haben kannst!" Die Menschen auf der Straße blieben verwundert stehen und riefen nach mehr. Franziskus packte noch einen Armvoll Stoffe und warf auch sie aus dem Fenster. Als er einen weiteren Stapel folgen lassen wollte, stürzte sich sein Vater auf ihn. Als er ihn verfehlte, griff er einen Stuhl, um ihn auf Franziskus' Rücken zu zertrümmern, doch der Sohn sprang aus dem Fenster zu den Leuten hinunter. Sein Vater lief hinter ihm her auf die Straße, packte ihn am Kragen und schleppte ihn in die Familienkirche San Rufino, wo er den Priester zu Hilfe rief.

Es war zu spät. In Franziskus hatte sich etwas verändert. Er fürchtete sich nicht mehr. Er fürchtete sich weder vor seinem Vater noch davor, mittellos zu sein. Liebe war an die Stelle der Angst getreten. In diesem Augenblick, vor der versammelten Menge, vor seinem Vater, der auf ihn einredete und nach dem Priester rief, sah Franziskus nur den nackten Christus, der ihm seinen Auftrag gab. Nichts anderes war von Bedeutung. Und als sei er in einer Welt, in der es niemanden gab als Gott und ihn, zog er seine Kleider aus und stand schließlich nackt vor allen Leuten. Die entrüsteten Bürger wandten sich schweigend ab. Franziskus gab seinem Vater die Kleider zurück und sagte: „Ich gebe dir alles zurück, was dir gehört, ich übergebe mich Gott. Gott ist jetzt mein Vater und meine Mutter..." Und damit ging er davon.

Minutenlang war Franziskus ebenso erschrocken über das, was vorgefallen war, wie ganz Assisi. Trotz des Dramas fühlte er sich jedoch besser. Zumindest *eine* Fessel um sein Herz war jetzt gesprengt. Er wußte nun für alle Zeit, daß es etwas gab, was größer war als alles, was die Welt zu bieten hatte. Etwas geschieht im Leben, wenn der Verstand stillsteht, und die Seele zu leben beginnt. Nichts bleibt verborgen. Franziskus ging den Hügel hinunter, zurück zu seinem Gefährten und vielleicht einzigen Freund, dem alten Priester.

Kapitel 3

Nach der Verwandlung

Was Franziskus verwandelte, bleibt ein Geheimnis. Viele Menschen leiden und schreien ihr Leid hinaus und werden doch nicht von Gott besucht, begegnen keinem Leprakranken oder finden nicht plötzlich die innere Kraft, ihr früheres Leben hinter sich zu lassen und nackt in die Zukunft hineinzugehen. War er etwas Besonderes? Franziskus betonte immer wieder, er sei es nicht. „Gott liebt jeden von uns!" rief er allen zu. „Er zeigt uns Seine Liebe auf viele Weisen. Ich mußte ihn körperlich vor mir sehen, um zu glauben. Gesegnet ist der, der glaubt, ohne zu sehen."

Franziskus erkannte das in seinen ersten Jüngern, den Brüdern Bernhard und Peter. Sie hatten keine besondere Erscheinung, kein göttliches Erlebnis, das sie zu ihm führte. Sie spürten einfach seine Ernsthaftigkeit und vertrauten ihm. Einer der neuen Brüder sagte, „Ich kann kein halbes Leben mit halben Wahrheiten mehr leben. Franziskus, ich muß zu dir kommen."

Was war es, dem sie sich anschlossen? Der Wiederaufbau von San Damiano ging langsam und mühselig vonstatten. Franziskus hatte wenig zu essen. Er hatte alle Kontakte zu seinem Vater und den meisten Bewohnern von Assisi abgebrochen. Die Stadt sah es nicht gern, wenn er dort bettelte. „Warum bittest du deinen Vater nicht um Entschuldigung und gehst heim?" riefen sie ihm wütend nach, wenn er durch die engen Straßen schritt.

Franziskus hatte noch keine Worte für die Gefühle, die mit dem Kreuz begonnen hatten. Das Bild des nackten Christus war fest in sein Bewußtsein eingegraben. Er dachte, irgendwie würde er in seiner eigenen Nacktheit ebenfalls frei werden und auferstehen.

Da er nicht wußte, wie oder warum das geschehen würde, war das tägliche Leben für ihn weiterhin ein Auf und Ab zwischen Glückseligkeit und innerer Gewißheit einerseits und schlimmen Abstürzen und Sorgen auf der anderen Seite. Es war ein Leben der Armut, ein ständiger Kampf zwischen Liebe und Angst. Franziskus war niemals sicher, in welche Richtung sich sein Herz zwischen Morgen und Abend wenden würde. Er hoffte, seine Hingabe würde jedem Tag ein wenig Festigkeit verleihen. Wahres Leid, so sagte er sich, war, ohne ein Ziel zu leben. Leid ist, gutes Essen zu haben und sich darum zu sorgen, ob morgen noch genug da ist. Leid ist, inmitten vieler Menschen ohne Liebe zu leben, ganz allein zu sein, voller Angst vor der eigenen Nacktheit. Wahres Leid, so sagte er sich, ist, unser Leben lang vor unserer Seele davonzulaufen, vor der großen Liebe in uns, vor der Schönheit der Natur, vor allem, was uns geschenkt ist.

Das neue Leben, das Franziskus sehr schnell für sich in Anspruch nahm, war ein Leben vollkommener Freude. Wenn er von allem reichlich hatte, freute er sich, und wenn er nichts hatte, nichts auf der Welt, was er für seine Mühen herzeigen konnte, so lächelte sein Herz noch immer in neuem Verstehen. Die Liebe hat ihren eigenen Lohn. In seiner Armut wurde er von der Welt nicht abgelenkt. Für Besitz zu arbeiten war weniger verlockend, denn er fühlte sein Verlangen, für die Liebe zu leben, nur für die Liebe, und sich an allen Jahreszeiten der Natur zu freuen.

Die Leute wunderten sich, daß Franziskus nicht beim ersten Schneefall zum Hause seiner Eltern zurückkehrte, um dort zu übernachten. Sie wunderten sich, daß er die Annehmlichkeiten, die er so gewohnt war, nicht entbehre. Was war das für eine Liebe, die ihn immer weiter Steine und neue Brüder sammeln ließ?

Die ersten Brüder und erste Fragen

Die ersten Brüder kamen als Forscher, verletzliche Abenteurer, bereit, sich auf die gotterfüllte Reise zu wagen. Jeder von ihnen ließ seine Vergangenheit zurück und brachte nur seine Sehnsucht mit. Bernhard, der erste Bruder, war so hungrig nach Gottes Liebe, daß er von all seinem Reichtum frei sein wollte, frei von allem, was ihn von seinem neuen Weg ablenken konnte. Nachdem er seine ausgedehnten Besitztümer verkauft hatte, lud er alle Armen ein, auf den St.Georgs-Platz zu kommen. Franziskus und er schritten durch die aufgeregte Menge und schütteten ihre Beutel aus, bis nichts mehr übrig war. Als die Menge sich zerstreut hatte, blieben Franziskus und Bernhard allein zurück, mit leeren Händen, und genau das wollten sie. Jetzt waren sie frei für Gott.

Bald gesellten sich auch die Brüder Giles, Morico und Johannes zu ihnen. Johannes gab alles auf, bis auf seinen Hut. Da er so sehr auf seinem Hut bestand, nannten sie ihn Bruder Hut. Dann kamen Sabatino, Angelo, der Lange Philipp, Silvester und Bruder Jakob. Jakob wußte nicht recht, wie er seinen eigenen Weg zu Gott finden sollte, und beschloß daher einfach, Franziskus zu folgen. Was Franziskus auch tat, stets war Bruder Jakob in der Nähe und tat dasselbe. Wo immer Franziskus betete, schlief oder bettelte, Jakob war in der Nähe und tat es ihm nach.

Während sie ihrer neuen Bestimmung folgten, lebten Franziskus und seine neuen Brüder oftmals in Verstecken. Da sie nie wußten, ob ihnen die Leute freundlich gesonnen waren und ihnen etwas geben wollten, waren sich die Brüder nie sicher, wohin sie sich wenden sollten. So wandten sie sich nach innen, an Gott. Die Ablehnung der Welt nahmen sie als Zeichen, ja zu ihrer Seele zu sagen. Begegnete man ihnen freundlich und mitfühlend, so war es für sie ein Zeichen, daß sie auf dem wohlwollenden Weg der Liebe waren. Jeden Tag war der Himmel neu – klar oder voller Wolken. Jeder Tag stellte ihre Liebe auf die Probe: fürchteten sie, um die

Lebensnotwendigkeiten kämpfen zu müssen oder vertrauten sie darauf, daß die Liebe auf irgendeine Weise siegen würde?

Das nächtliche Feuer, die Sterne über ihnen und die Stunden, in denen sie einfach als Brüder beisammen waren, gaben ihrem neuen Leben eine Sicherheit, die bei weitem alles übertraf, was sich die Leute vorstellen konnten. Oft stahl sich Franziskus beim ersten Morgenlicht in eine kleine Kirche und wartete auf die Feier des Abendmahls. Er liebte es, sich lange darauf vorzubereiten und dann das Brot zu empfangen. Er ließ es im Munde zergehen, als ob er sich selbst in der Liebe auflöste, von der er irgendwie wußte, daß sie Jesus Christus war.

Während die Leute ihren weltlichen Geschäften nachgingen, saß Franziskus oft mit den Bettlern auf dem Hauptplatz. Eines Tages, als er am Brunnen saß, trat ein Bettler mit bittend ausgestreckter Hand auf ihn zu. Franziskus hatte nichts zu geben. Da riß er seine Kutte ab, die keinen anderen Zweck erfüllte, als seine mageren Beine zu verhüllen, und gab sie dem Bettler.

Das tägliche Leben Franziskus' und seiner Brüder war sehr einfach, beinahe eintönig. Sie bettelten um Essen und um das, was sie zum Leben brauchten. Das innere Leben jedoch war alles andere als einfach und eintönig. Franziskus hatte Alpträume, in denen er gleichzeitig den Attacken der Assisianer und des eigenen Ich ausgeliefert war. Sie schrien: „Franziskus, du bist verrückt, du bist viel zu egoistisch, um so zu tun, als könntest du ein Leben führen, das nur den Heiligen bestimmt ist."

Franziskus wunderte sich, wie bedrückt sein Herz an manchen Tagen sein konnte und wie ihn an anderen Tagen aus keinem ersichtlichen Grund unendlicher Friede erfüllte. Oft wechselten seine Stimmungen mehrmals am Tage. Das Leben war wie ein Wirbelsturm, in dessen Zentrum überirdischer Friede herrschte. Er merkte, daß es nicht genügte, sich nach der Liebe zu sehnen. Er mußte glauben und an der Liebe festhalten, ganz gleich, was der Tag ihm bringen mochte.

In seiner Armut begann er, alles zu hinterfragen. Sollte er sich darauf konzentrieren, seine Sehnsucht nach der Leere zu fühlen, oder sollte er an der Liebe festhalten? Sollte er alles in sich sterben lassen und vertrauen? Wohin führte ihn der nackte Christus? Wieviel von ihm würde sterben müssen, damit er auferstehen konnte?

An manchen Tagen waren diese Fragen voll überwältigender Zweifel, die alles in ihm niederdrückten und verdrängten. An manchen Tagen verblaßten die Zweifel, und an ihre Stelle trat große Gelassenheit, wie um ihm zu sagen, er solle diese Welt und dieses Leben nicht so ernst nehmen.

„**Die Armen zu lieben ist eine Sache, aber warum mußt du auch so leben wie die Armen?**" Diese Frage hörte Franziskus oft, und es schien etwas zu sein, was die Leute sehr störte. Sein Bettlertum empörte und erbitterte die früheren Freunde und Nachbarn. Wenn sie ihn ablehnten und beschimpften, sagte Franziskus oft: „Bin ich nicht derselbe Franziskus, den ihr einst geliebt habt und von dem ihr euch unterhalten ließet? Ich habe ein einfaches Gewand angezogen, und auf einmal haßt ihr mich. Bin ich zu etwas geworden, was ihr verabscheut?" Er sah, daß es die Ablehnung war, mit der die Armen und die Krüppel jeden Tag zu leben hatten. Franziskus stieß sogar die Wohlmeinenden vor den Kopf, wenn er sie fragte: „Wie könnt ihr die Armen lieben, wenn ihr nicht bereit seid, mit ihnen zu leben und ihnen in die Augen zu sehen wie euresgleichen? Wir alle sind in Wirklichkeit arm," erklärte er, „nur wissen es die Reichen und Mächtigen nicht. Eines Tages wird jeder von uns auf seinem Bette liegen und nur noch den Himmel vor sich haben. Wer sind wir dann? Die Reichen sind dann ärmer als die Ärmsten," sagte er ihnen, „denn sie haben sich immer nur mit weltlichen Dingen beschäftigt, und es ist keine Zeit mehr, Frieden mit dem einfachen, nackten Menschsein zu schließen." Er dachte daran, daß wir nackt in die Welt kommen und sie nackt wieder verlassen. Die Armen können ihrer Nacktheit nicht ausweichen.

„Aber, Franziskus, nimmst du mit deinem Betteln nicht denen das Brot weg, die wirklich arm sind? Bist du nicht einfach zu dickköpfig und zu faul, nach Hause zu gehen und zu verzeihen?" Die Wahrheit dieser Worte traf ihn ins Herz. Er konnte nicht umhin zu sehen, daß er dickköpfig war. Er mußte zugeben, daß er sich davor fürchtete, zu Hause zu leben. Er konnte zu Hause nicht atmen. Er konnte seinem Vater vergeben. Er wußte, er war wie der Großvater, der wiederum wie sein Vater gewesen war, der war wie alle anderen. Sie wußten es nicht besser. Aber Franziskus wußte es besser. Wie konnte er leben, als ob seine Seele nicht existierte, wenn er wußte, daß es sie gab? Er bettelte, weil wir in Wahrheit alle Bettler sind. Die Reichen konnten schon morgen alle ihre Reichtümer verlieren und bettelnd auf den Knien liegen. Warum nicht heute betteln und für alles danken, was die göttliche Vorsehung uns gerade schenken will? Franziskus wußte, daß das Leben uns alle früher oder später auf die Knie zwingt.

„Aber, Franziskus, warum hältst du so zu Mutter Kirche? Du weiß, wie reich und korrupt sie ist!" Auch darauf gab es eine einfache Antwort. Er dachte an seine Vision und sagte einfach: „In der Kirche sind Christus, Maria und alle Heiligen und Engel zu Hause. Warum sollen wir hinaus in die Natur gehen und denken, Gott sei getrennt von unseren Problemen, getrennt von uns Menschen? Warum irgendeine neue Gemeinschaft bilden? Die Liebe stellt uns immer dieselben Prüfungen, ganz gleich, wie wir sie suchen und finden." Vor allem fand Franziskus es schwierig, über andere den Stab zu brechen, wenn es in ihm selbst so viel zu verbessern gab.

Die wahre Kirche mußte im Inneren gebaut werden. Kein neues Gebäude, keine neue Gemeinschaft oder Philosophie, kein neuer Glaube würde das innere Bauen leichter machen. Jeder von uns hat seine eigene Herzensarbeit. Die Leute in der Stadt wunderten sich, Franziskus und seine Brüder so andächtig am Altar stehen zu sehen. Die Kirche war ein Teil des gesellschaftlichen Lebens. Wenige Leute glaubten, daß die Hostie tatsächlich der Leib Jesu Christi und der Wein sein Blut war.

Kapitel 4

Klara

Klara war an Körper und Seele schön. Ihre Familie und beinahe ganz Assisi war stolz auf sie – bis sie mit Franziskus durchbrannte. Klara befriedigten die Aussichten nicht, die ihr als junger Frau offenstanden. Sie hatte mehr vor als nur irgend jemanden zu heiraten oder in irgend einem Kloster zu verschwinden. Ihre Liebe, ihr Herz sagten ihr, daß es mehr geben mußte. Dieses Mehr war Franziskus.

Schon als Kind hatte Klara in Franziskus etwas Besonderes gesehen. Als sie hörte, daß er sein Erbe abgelehnt hatte und mit den Armen lebte, wußte sie, daß er die wahren Reichtümer des Lebens gefunden haben mußte.

Sie wollte es selbst herausfinden. Heimlich schlich sie sich aus dem Hause ihrer Eltern, traf sich mit Franziskus und hörte, wie er zu seinen Brüdern sprach: „Wenn die Welt deinen Frieden zerstört hat, dann geh in dein Inneres und werde dir Gottes bewußt. Wenn die Welt dich in Versuchung bringt, Annehmlichkeiten im Äußeren zu suchen, dann setz dich hin und spüre die wahren Freuden, die das Leben eines Bruders schenkt. Wenn etwas wichtiger wird als Gott, dann bete: „Gott, gib mir ein wahres und einfaches Leben. Gott, gib mir ein wahres und einfaches Leben."

„Dein Leben ist bestimmt auch meines", unterbrach ihn Klara und fuhr dann fort, „ein lebenswertes Leben muß solch ein Abenteuer sein." Klara war einige Jahre jünger als Franziskus, aber er erkannte jenseits ihrer jugendlichen Begeisterung ihren reinen Geist. Aus ihren Worten spürte er sofort, daß ihre Seelen ein gemeinsames Ziel hatten. Sie konnte nicht anders, als so zu leben und zu sein wie er. Jedes andere Leben wäre einfach nicht wahr für sie gewesen.

Klaras Eltern versuchten, sie wieder einzufangen. Ganz Assisi erinnert sich an den Aufruhr, den die Soldaten ihres Vaters verursachten, als sie sie und ihre Schwester Agnes ergreifen und nach Hause schleppen wollten. Die Schwestern waren nicht von der Stelle zu bewegen. Klara hatte plötzlich die Kraft von hundert Engeln und das Gewicht eines Berges. In Assisi sprach sich bald herum, Klara und ihre Schwester seien große Seelen.

Franziskus erzählte Klara von der Armut Christi, dessen Einfachheit und Hingabe er als sein Leitbild betrachtete. Klara vertraute ihm an, wie sehr sie sich in ihrem Herzen nach den einfachen Dingen sehnte, nach der reinen Freude. „Wir opfern das Ich dem Feuer der Seele", sagte Franziskus, und Klara meinte: „Wir räumen nur alles aus, was nicht wahr ist." Ihre Liebe hatte begonnen.

Klara und die Schwestern, die sich ihr gleich anschlossen, lebten unter dem Schutze des Kreuzes, das zu Franziskus gesprochen hatte. Bei diesem Kreuze fühlten sie sich sicher. Hierher brachten sie ihre Kümmernisse, und Christus in seiner schönen Verletzlichkeit nahm sie in die Arme und umgab sie mit seinem mitfühlenden Frieden. Die Schwestern verbrachten Stunden unter dem Kreuz und luden Christus in jeden Winkel ihres Herzens ein. Sie baten ihn um Seine heilige Gesellschaft zu und ließen ihn nach Belieben ihr ganzes Sein durchdringen. In der Stille fühlten viele Schwestern Seine Gegenwart und hörten Seine Schritte in ihrem inneren Garten. Die Schwestern beteten, Christus möge ihnen ihre Seele zeigen, den wahren himmlischen Garten in ihrem Inneren. Jeder Aufenthalt bei diesem Kreuz war eine Gelegenheit, die Sorgen abzulegen und die reine Gegenwart einer Art göttlichen Würde zu fühlen. Sie hatten Christus, die Engel und einander als heilige Gesellschaft.

„Stellt euer Denken vor den Spiegel der Ewigkeit!" sagte Klara zu den Ihren, „stellt eure Seele in den Glanz der Herrlichkeit! Stellt euer

Herz in das Wesen des Göttlichen...Und werdet durch eure Schau in eurem ganzen Sein zu einem Ebenbild Gottes, auf daß auch ihr spüren möget, was Seine Freunde fühlen, wenn sie die verborgene Süße kosten..." (Brief Klaras an die heilige Agnes von Prag).

Klara und ihre Schwestern wurden sehr stark durch dieses Leben mit ihrem König und Befreier, dem auferstandenen Christus. Immer und immer wieder legten sie ihm andächtig das Herz zu Füßen und baten, Ihm vollkommen dienen zu dürfen. Ihr Lohn war eine Liebe, die sie sich nie hatten vorstellen können, und sie war jedesmal neu. In dem Augenblick, wo sie in Seine Gegenwart glitten, öffneten sie ihr Herz – dem Schmerz oder der Freude, und Er empfing alles in Seinen offenen Armen.

Klara half den Schwestern zu verstehen, was ihnen da gegeben wurde. „Jeder von uns ist ganz und gar angenommen!" erklärte sie erregt. „Kein Teil von uns ist ausgeschlossen! Übergebt immer wieder euer ganzes Sein. Stellt euch vor, was es bedeutet, solch einen himmlischen Garten zu entdecken, in dem wir ganz und gar angenommen sind. Wir sind tatsächlich eingeladen!"

Christi Nacktheit nahm sie in vollkommener Süße, in Reinheit, Einheit und Ekstase auf, und für die Schwestern war es eine Hochzeit. Klara erinnerte jede der Schwestern: *„Arme Jungfrau, binde dich an den armen Christus. Liebe nur den Einen, der sich aus Liebe zu dir vollkommen hingab...Du mußt dich danach sehnen, vor allem anderen den Geist des Herrn und Seine Wege in dir wirken zu lassen. Und bete immer mit reinem Herzen zu Ihm..."* (Vierter Brief Klaras an die heilige Agnes von Prag).

Liebe und Verlangen

Franziskus sah man in den Wäldern tanzen und mit den Bäumen sprechen, wie zu Geliebten. „Meine Liebe ist zu groß für eine Frau", sagte er zu seinen Brüdern. „Ich liebe die ganze Welt, so daß mein Herz entdecken kann, wer es in Wahrheit ist." Franziskus wußte, daß die Liebe in Beziehungen oft sehr schnell verlorengeht. Er konnte es sich nicht leisten, seine Liebe zu verlieren, denn er wußte, daß er damit den Kontakt zu seiner Seele verlieren würde.

Was war aber mit der Sexualität? Sexualität gehört gewöhnlich nicht zu den spirituellen Gesprächsthemen und im Leben der Heiligen schon gar nicht. Jeder sah, daß Franziskus und Klara leidenschaftlich und voller Liebe waren. Ihre Gefühle füreinander waren so stark, daß Franziskus peinlich darauf achtete, zu ihren Treffen einen anderen Bruder mitzubringen, der sie überwachte.

Eines Tages, so erzählt man, fanden Bauern, die in den Wäldern ein Feuer löschen wollten, dort Klara und Franziskus beieinandersitzen, wie sie, vollkommen versunken, einer im anderen das Göttliche anbeteten.

Klara sehnte sich nach Franziskus. Er fürchtete seine Gefühle und behandelte seinen Körper wie einen Maulesel, den man beherrschen und unter Kontrolle halten muß.

Was geschah also mit der Sexualität? Vielleicht nichts. Vielleicht erhoben die beiden ihre Gefühle durch ihre Andacht wie Schwalben, die sich über die Wolken erheben. Sicherlich gelang es ihnen nicht immer. Dann wurden ihre sexuellen Gefühle zum Feuer für ihre Gebete. Vielleicht führten ihre sexuellen Schuldgefühle zu den Konflikten, die dann viele ihrer Krankheiten hervorbrachten. Vielleicht gab ihnen das Leben in der Gemeinschaft reichlich Gelegenheit, ihre Liebe auszudrücken.

Wir wissen, daß Klara sich freute, wenn Franziskus nach San Damiano kam und sie für ihn sorgen konnte. Franziskus hatte Angst davor, sie zu nah an sich heranzulassen. Vielleicht waren sie beide so menschlich, daß ihre Menschlichkeit das Holz für das Feuer ihrer Heiligkeit war.

Wie das Herz ist die Sexualität der Teil in jedem Menschen, der niemals ganz zufrieden ist. Franziskus sah den sexuellen Strom, der durch den Körper fließt, als etwas Vergängliches an. Liebe, die sich mit etwas Größerem vereint, ist ewig.

Er nannte seinen Körper „Bruder Esel". Erst gegen Ende seines Lebens bat er seinen Körper um Vergebung. „Wer bin ich, meinen Körper so zu herabzusetzen, wo er doch Gottes Geschenk ist, das die Seele trägt", sagte er. Anstatt jedoch den sich ständig verändernden Winden des Verlangens nachzugeben, schloß er die Augen und ließ sich in die schäumenden Ströme und großen Täler Gottes tief in seinem Inneren fallen. Anstatt auf die Spannungen seines Körpers einzugehen, hielt er sein Herz auf die große Stille in seiner Seele gerichtet.

Kapitel 5

Die Suche nach höherer Autorität, der Papst und Poggio Bustone

Franziskus und seine wenigen Brüder litten darunter, daß sie von den Bewohnern der Stadt und von der örtlichen Kirche abgelehnt wurden, und da sie sich auch selbst nicht sicher waren, beschlossen sie, Papst Innozenz III. um Rat zu fragen. Es mußte doch eine höhere Autorität geben, dachte Franziskus, die den Weg erhellen konnte. Es gab verstreut in Italien und Europa viele kleine Gruppierungen mit den verschiedensten Ansichten, ähnlich wie die um Franziskus. „Warum soll Franziskus anders sein?" fragten viele der Dorfbewohner und selbst einige der zweifelnden Brüder, als Franziskus verkündete, er werde nach Rom reisen. Was die anderen taten, ging ihn nichts an. Es war ihm auch gleich, daß er nur eine kleine Seele in einer riesigen Kirche war, die die verschiedensten Charaktere in sich vereinte. Die Reise war kein Ergebnis von Überlegungen. Er hatte sich nicht hingesetzt und geplant, welcher Schritt für seine neue Bewegung der besten sein würde. Wenn sie richtig war, würde nichts in der Welt sie daran hindern können, Früchte zu tragen, das wußte er. Sein inneres Wissen drängte ihn zu diesem Schritt. Trotz allem, was dagegen sprach, trotz der widerstreitenden Kräfte innerhalb der Kirche, trotz aller Gründe zum Zweifeln trug Franziskus seine Mission nach Rom. Die Seele spricht mit ihrer eigenen Gewißheit. Franziskus suchte höhere Autorität. Der Papst, der Vater der Kirche, sollte es wissen.

Glück, Zufall oder göttliche Fügung? In der Nacht vor ihrer Begegnung träumte der Papst von einem kleinen Manne, der die große Mutter Kirche hochhielt. Am nächsten Tag erkannte der Papst den einfachen Franziskus wieder, hörte sich seine Geschichte an und gewährte ihm den Wunsch, ohne Einmischung der örtlichen Ämter einen Orden gründen zu dürfen.

Jahre später stieg Franziskus, wenn er Rat von höherer Seite einholen wollte, auf den Berg oberhalb des Dorfes Poggio Bustone. Sein Orden war gewachsen, aber er hatte Sorgen. Er war noch immer sehr menschlich mit seinen Schwächen und Gefühlen. All sein Beten hatte ihn nicht gänzlich frei gemacht. Wie Moses hatte er das Gefühl, von Unglauben und Zweifel umgeben zu sein. Er wollte hoch in die Berge steigen, um Gottes Trost und Beistand zu suchen. Oben auf dem Gipfel eines Berges, über den Wolken des täglichen Lebens, konnte er fast immer Gottes Gegenwart spüren. Wie Moses bekümmerten ihn sein eigener Mangel an Glauben, seine hartnäckigen Zweifel und die Sorgen seiner Brüder. Er meinte, in ihrer mangelnden Hingabe an einen reinen Weg seine eigenen Fehler gespiegelt zu sehen. So stieg er von Poggio Bustone hinauf, weil er wissen wollte, ob ihm wirklich vergeben war.

Auf dem Weg nach oben spürte er, wie die Probleme seiner Brüder ihn förmlich hinunterzogen. Jeder Schritt war schwer beladen. Von ganzem Herzen betete er darum, seine Schwierigkeiten zurücklassen zu dürfen. Er betete darum, nackt zu seinem Herrn kommen zu können, und langsam fielen, je höher er kam, die Gewichte wie Steine von ihm ab. Mit jedem Schritt ließ er davon los, daß die Dinge nach seinem Kopfe gehen sollten. Er gab seine Selbstkritik und die Urteile über seine Brüder auf. Er überließ Gott den Erfolg oder Mißerfolg seines Ordens. Langsam fiel alles von seinen Schultern ab und verschwand. Das wunderschöne Rietital lag tief unter ihm, und auf einmal konnte er die kleinen Probleme des Alltags in ganz anderem Lichte sehen. Mit jedem Schritte ließ er seine Sorgen los, eine um die andere. Jetzt spürte er die vollkommene Liebe, die süße Bergluft, den Nektar seiner Seele. Es gab nichts anderes mehr.

Auf dem Gipfel stand Franziskus außer Atem, ohne Sorgen, ohne Gedanken, und ganz Italien schien zu seinen Füßen zu liegen.

Als ihm durch den Kopf schoß, wie klein und unbedeutend unsere menschlichen Probleme doch sind, fühlte er sich plötzlich von Heerscharen von Engeln umgeben. Er schloß die Augen und öffnete sie wieder. Mit offenen oder geschlossenen Augen sah er nichts als Engel, geflügelte Wesen, die sich sehr schnell bewegten. Sie flogen durch seinen Körper und durch die Wände der kleinen Höhle, als ob diese gar nicht existierten. Die Engel waren etwa so groß wie Franziskus, aber da endet der Vergleich. Sie waren Wesen aus einer anderen Welt, einer anderen Schwingung. Der Wind, der sie vorwärtsbewegte, war der Schwung der Ekstase. Sie bemerkten seinen menschlichen Körper oder die Felsen nicht einmal. Ihre Flügel glitten direkt durch die physische Dimension hindurch, als ob unser Denken und Tun, als ob unsere physische Welt nur Illusion wäre. Zielstrebig flogen sie in alle Richtungen, mit Aufgaben beschäftigt, die mit den Regeln und Vorstellungen dieser Welt nicht das mindeste zu tun hatten.

War er im Himmel? Franziskus war sich nicht sicher. Ganz gewiß gibt es Welten über Welten, die viel größer sind als die, der wir normalerweise unsere Aufmerksamkeit schenken. Die Flüge dieser Engel waren weit jenseits der menschlichen Belange. Ihr freudiges Wesen, ihre sanften Schwingen, ihre strahlenden Gesichter, ihr anmutiger Flug ließen Franziskus so demütig werden, daß er nicht mehr daran dachte, Rat für seine einfachen Nöte zu erbitten. Er wollte seine Liebe ausgießen, um ihr Reich zu unterstützen. Er wollte den Brüdern und jedem, der es hören wollte, sagen, daß es so viel mehr gibt als unser gewöhnliches Leben.

„Aber, Franziskus, ich kann das nicht!"

Wenn die Menschen Franziskus von anderen Welten sprechen hörten und von der großen Liebe, die er gefunden hatte, dann sperrten sie sich meist schon in Gedanken: „Für Franziskus mag das ja alles so sein, aber nicht für mich." Die Brüder trennten sich im Geiste von ihm, damit seine Worte sie nicht so herausforderten. „Ich bin kein Heiliger wie du", dachten sie. Dann hatte jeder seine eigene innere Debatte, die sich etwa so anhörte: „Ich kann nicht alles für etwas aufgeben, was ich gar nicht kenne", und damit waren die kleinen Vergnügen gemeint, an denen sie festhielten, um Freude zu haben. Mit Franziskus als Spiegel hatte jeder der Brüder seine eigenen Widerstände klar vor Augen. Franziskus versuchte, ihr Denken zu umgehen, indem er direkt von der Liebe sprach. Er ermunterte sie: „Denkt nicht so viel an das, was ihr meint, aufgeben zu müssen. Liebt mehr! Wenn ihr die Liebe spürt, ist alles andere nicht mehr so wichtig. Alles aufzugeben ist keine Garantie dafür, daß ihr die Seele findet. Aber liebt als erstes, liebt als zweites und liebt als drittes, und gebt eure Zerstreuungen auf, damit die Seele Raum hat, zu wachsen."

Franziskus und sein eigener Schatten

Franziskus hatte seine eigenen Herausforderungen und seinen eigenen Schatten, mit dem er zurechtkommen mußte. Einmal kam er nach vielen Tagen, die er mit Gebet und Meditation auf dem Berg Subasio zugebracht hatte, ins Lager herunter, ganz von göttlicher Liebe erfüllt. Er sah, wie ein Bruder Brot und frisches Gemüse von einem Teller aß, während ein anderer hungrig danebenstand. Franziskus wurde zornig: „Wie kannst du essen, wenn dein Bruder neben dir nichts hat und hungrig ist?" schrie er den kauenden Bruder an. Dann wurde ihm klar, was er getan hatte. Wohin hatte sich sein innerer Friede so rasch verflüchtigt? Kurz darauf kam ein anderer Bruder ins Lager und sprach inmitten der betenden Brüder laut mit einem anderen. Franziskus fuhr ihm über den Mund: „Wie kannst du hier herumschwätzen, während deine Brüder sich bemühen, in Demut mit Gott zu sprechen?" Dann fiel er auf die Knie und weinte. „Wie kann ich nur so schnell über andere urteilen? Wie oft schwätze ich selbst herum, anstatt zu beten?"

Am selben Tag, ein paar Stunden später, saß Franziskus ruhig da und hörte einem Bruder zu, der ihm von seinem Tag berichtete. „Ich stellte meine leere Schüssel hin", sagte der Bruder, „und die Leute schauten mich an, als ob ich gar nicht da wäre, als ob es mich nicht gäbe. Aber je mehr sie mich übersahen, umso klarer konnte ich eine Stimme in meiner Brust hören, die sagte: 'Ich liebe dich, ich liebe dich.'" Ein anderer Bruder kam plötzlich herein und unterbrach sie, um zu fragen, wo er schlafen solle. Franziskus stand brüsk auf und schalt ihn: „Sei nicht so unhöflich!" Als ihm bewußt wurde, was er getan hatte, konnte er sich nicht verzeihen. Voll Abscheu vor sich selbst wandte er sich um und lief weinend wieder den Berg hinauf. Was geschah mit ihm? Woher kam all diese Gewalt im Inneren? Er lief und wußte doch, daß er nirgendwohin laufen konnte. Wo sollte er seinem eigenen Schatten entkommen? Warum war die menschliche Seite so stark? Er flehte zur heiligen Mutter, ihn in die Arme zu nehmen, ihn zu halten wie ein kleines Kind. „Gott, vergib mir meine Dunkelheit", bat er. „Gott vergib mir! Erlöse mich von mir selbst!"

Auf dem Gipfel angelangt war er müde und außer Atem, und es wurde ihm klar, daß sein Schatten in Wirklichkeit nichts war, nur eine vergängliche Illusion, die zwischen seiner Seele und der Ewigkeit stand.

Regeln

Die Brüder waren viel zu sehr mit ihren eigenen Kämpfen beschäftigt, als daß sie Franziskus' Nöte hätten verstehen können. Es kamen immer mehr Brüder hinzu, und sie wollten Regeln haben, nach denen sie sich richten konnten. „Franziskus, wieviel genau dürfen wir besitzen?" wollten einige wissen. „Können wir unsere Bücher behalten?" fragten andere. „Wer hat die Verantwortung? Auf wen sollen wir hören?" Fragen ohne Ende! Manche Brüder wollten sich nach niemandem richten als nach ihrem eigenen Herzen. Sie alle baten Franziskus: „Bitte, gib uns Regeln!"

Franziskus fragte sich laut: „Wie soll man denn Regeln dafür aufstellen, selbstlos und mit Achtung voreinander zu leben? Wenn ich euch sage, daß ihr nichts besitzen sollt als einen Wanderstab, dann fragt ihr mich, in welche Richtung ihr gehen sollt! Wenn ich euch sage, ihr sollt auf eure eigene Wahrheit hören, wie unterscheidet ihr dann, ob es Gottes Stimme ist, die in euch spricht, oder nur die Stimme der Bequemlichkeit? Wie soll ich euch Regeln geben, wenn nur Gott weiß, was das Beste für uns ist?"

„Aber, Franziskus, ohne irgendeine Ordnung geht es nicht. Gib uns Regeln." Sie diskutierten hin und her, was alles in den Regeln enthalten sein sollte. Franziskus hörte zu und sagte: „Worte, Worte, nichts als Worte. Sie bedeuten nichts. Sie sind im einen Augenblick da und im nächsten schon verschwunden. Sie sind so leer wie der Wind. Wie könnt ihr ihnen Wichtigkeit beimessen?"

Aber die Brüder kamen immer wieder darauf zurück. Franziskus zog sich in die Hügel von Fonte Colombo zurück. Er hörte eine Stimme: „Besitzt nichts, nicht einmal ein Buch. Dann wißt ihr, daß nichts euch davon ablenken wird, den wahren Geist in eurem Herzen zu suchen. Liebt Gott mit all eurem Sein, mit aller Kraft, in jedem Augenblick, dann werdet ihr vielleicht Seine Gnade erfahren. Gott wird euer Herz befreien, und alles wird Seinem Plan und Seiner Ehre dienen." Für Franziskus war das geistige Leben einfach. „Warum nicht auf Gott vertrauen und uns von unserer Seele führen und trösten lassen? Die Tauben, die Eichhörnchen und die Hasen leben doch alle ohne Regeln. Warum suchen wir so sehr nach etwas, was wir selbst geschaffen haben, um Ruhe zu finden? Gott allein gibt uns alles, was wir brauchen."

Das wahre Leben

Franziskus entdeckte viele Male, daß das wahre Leben nichts damit zu tun hatte, bestimmte Regeln und Anweisungen zu befolgen. Es ging nicht darum, bestimmte Gebete aufzusagen oder geistige Übungen zu absolvieren. Wahres Leben hieß nicht, Freude zu suchen und Leid zu vermeiden. Es hieß auch nicht, Leid zu suchen und Freude zu vermeiden, wie viele fehlgeleitete Menschen dachten. Wahres Leben bedeutete zu lernen, im Unbekannten zu leben. Es hieß, sich mit dem Unsichtbaren anzufreunden, mit allem, was nicht sichtbar ist. Das wahre Leben fing an, wenn er aufhörte, sich daran zu klammern, daß etwas Bestimmtes geschehen sollte, und auch sein Selbstmitleid losließ, wenn die Welt ihn enttäuschte. Das wahre Leben begann, wenn er den täglichen Traum voll überflüssiger Ängste durchschaute, von denen die meisten Menschen erfüllt waren. Die ängstliche Welt, die so viele gefangen hielt, ließ keinen Raum für Gottes Frieden. Franziskus beobachtete die Rehe, wenn sie von herannahenden Menschen von ihren Plätzen vertrieben wurden oder wenn sie im Winter hungrig waren. Sie beklagten sich nicht. Sie gingen einfach dahin, wohin Gott sie führte.

Für Franziskus bedeutete das geistige Leben, sein Herz für Jesus und Maria bereitzuhalten, für Geister und Wesen, für Liebe in bekannten und unbekannten Formen, einschließlich all der verschiedenen Engelwelten. Franziskus mußte seinen Weg ohne Karte und Führer finden, nur durch seine Gebete und sein Vertrauen in die göttliche Liebe. „Was ist wahres Gold und was nur Glimmer?" war eine oft gestellte Frage. In diesem Leben endloser Illusionen wollte er fest auf Gott gerichtet bleiben. Wenn er stets auf Gott schaute, waren seine Sinne von göttlichem Licht erfüllt, anstatt von weltlichen Schmerzen und Ängsten.

„Aber wie sollen wir das machen, Franziskus?"

Franziskus wünschte, das Leben der Seele wäre so einfach, daß man nur den rechten Weg zu finden und daran festzuhalten brauchte. Doch das geistige Leben war nicht so leicht. Alle schauten auf ihn, daß er ihnen ein Beispiel gäbe, und Franziskus merkte manchmal, daß er versuchte, ihnen zu gefallen, anstatt wahrhaftig zu sein. Als Kind hatte er seinen Eltern gefallen wollen. Als Troubadour hatte es ihm Spaß gemacht, seine Freunde zu unterhalten. Konnte es sein, daß jetzt als Heiliger immer noch ein Teil von ihm Theater spielte?

Franziskus ertappte sich dabei, wie er Gebete ohne jedes Gefühl herunterleierte. Er erwischte sich dabei, daß er predigte und dabei wußte, daß er oft selbst nicht tat, was er den anderen vorschrieb. Er entdeckte, daß es ihm gefiel, von den Brüdern und Dörflern als Heiliger und Führer gefeiert zu werden.

Ein Teil von ihm schaute nur zu, während er sein heiliges Leben führte. „Wem machst du etwas vor?" sagte dieser Teil von ihm, „du bist doch auch nur ein gewöhnlicher Sünder!" Wenn er vor seinen Brüdern von dieser Stimme sprach, dachten sie, er sei bloß demütig und heilig. Aber Franziskus wußte es besser.

Beichte und Gebet

Beichte und unaufhörliches Beten wurden zu einem Teil der Lösung, die er für diese Schwierigkeiten fand. In der Beichte konnte Franziskus aufspüren, wo er sich von Gott getrennt hielt. Er wußte, es würde eine Weile dauern, bis er aufhörte, anderen gefallen zu wollen. Versuchte er jetzt Gott zu gefallen?

Er betete gern für andere. Der innere Beobachter war dann nicht so aktiv. Es machte ihm Freude, zu dienen und alles zu geben, was er hatte. Wenn er gab, fühlte er, daß sein Leben einen Sinn hatte. Jede unerwünschte Seele, für die er sich einen Augenblick Zeit nahm oder mit der er ein Stück Brot teilte, war ein Teil von ihm. Gemeinsam fühlten sie ihre Nacktheit und Verletzlichkeit, das einfache, demütige Leben vor Gott. Franziskus wußte, daß das Gefühl der eigenen Wichtigkeit nie weit weg war, ganz gleich, wie heilig oder menschlich er sich gab.

Franziskus erinnerte die Brüder, daß es bei der Beichte oder beim Gebet nicht darum geht, wieviel wir sagen oder wie oft. „Beten heißt, daß wir nicht nur an unsere Vorhaben denken, sondern sie ins Herz nehmen. Wenn wir unsere Worte in unser Herz nehmen, werden sie zu etwas, das mehr ist als Worte. Gott kann uns hören. Das Gebet erinnert uns daran, daß wir nicht allein sind."

Im Gebet sank Franziskus tief in sein Inneres hinein. Er nahm seine Seele wie einen zarten, kleinen Vogel und setzte sie sanft in Gottes sicheres Nest.

Die Welt verlassen

„Es geht nicht darum, wie sehr wir in der Welt sind, sondern wie sehr die Welt in uns ist", erklärte Franziskus. „Es ist ganz leicht, die Welt zu verlassen, in die Natur hinauszugehen und nur mit sich allein zu sein. Die Frage ist, wie man die Welt aus sich herausbekommt."

Für Franziskus war der Weg ganz leicht. Zuerst mußte man sich bewußt werden: „Wie sehr nimmt die Welt mein Denken gefangen?" Man mußte die wandernden Gedankenströme einsammeln und im Herzen halten, so daß der Ozean der Liebe sie aufnehmen konnte. Das war ein paarmal am Tag zu tun. Dann konnte man die Welt aus seinem Inneren freilassen, indem man Gott liebte wie eine Flut, die alles überschwemmt und wegspült und für eine neue Ernte zubereitet.

Franziskus wußte, daß das Herz der Schlüssel ist. Er erklärte den Brüdern, daß der Verstand immer neue Tricks erfindet und sich meistens selbst genauso narrt wie alle anderen. Das Herz jedoch läßt sich nicht täuschen. Die Lehren, die Christus, Maria und die Heiligen uns gegeben haben, sind sehr klar: Laß dein Herz so groß werden, daß die Persönlichkeit keinen Platz im Körper hat, um zu wachsen und zu herrschen. Nimm dir Zeit, statt der vielen Wünsche nach weltlichen Dingen die eine wahre Sehnsucht nach Gott zu spüren. Sammle all die kleinen Wünsche nach irgendwelchen Annehmlichkeiten ein und fühle statt dessen, wie sehr du dich nach der göttlichen Liebe sehnst. Diese Liebe schenkt dir die Zufriedenheit, die bleibt. Franziskus pflückte gerne Blumen in den Feldern. Er stellte die verschiedenen Farben und Düfte zu großen Sträußen zusammen, schlüpfte dann still in eine Kirche und ließ sie für seine wahre Liebe, seinen Herrn, am Altar.

Franziskus drängte die Brüder immer wieder: „Liebt mit aller Kraft. Vergebt auch dem Menschen in eurem Leben, dem ihr am allerschwersten vergeben könnt. Das wird euer Herz von Wut und Selbstmitleid befreien. Habt jeden Tag Mitgefühl mit dem Menschen, der am schwierigsten für euch ist, dann werdet ihr eure eigenen Schwächen besser verstehen. Vergeßt nicht, daß die Rosen ihre Dornen haben. Liebt die, die niemand liebt, dann wird euch langsam bewußt, wie sehr Gott jeden von uns liebt und annimmt. Geht mit dem Herzen an jeden Tag heran. Wir sind Gärtner der Seele. Unser Herz ist der Garten, in dem unsere Hände und Hoffnungen in jeden Gedanken und jedes Tun einbringen. Unser Herz ist die Erde, aus der wir Gott unaufhörlich bitten, das Wachsen unserer Seele in die Bewußtheit zu erlauben und zu segnen."

Dienen

Franziskus war oft auf den Dorfplätzen und abgelegenen Wegen zu finden, wo er das wenige, was er hatte, mit den Leprakranken und Obdachlosen teilte. Die Brüder fragten ihn, warum er nicht mehr den Reichen predigte. Wenn die ihr Herz öffneten, würden sie doch mehr haben, das sie den Armen geben konnten? Franziskus antwortete: „Wir dienen den Armen nicht nur um ihretwillen, sondern auch um unseretwillen. Wenn wir sie ansehen, heilt ihre Liebe unsere Angst. Wenn wir teilen, was wir haben, wachen die Engel voller Dankbarkeit über uns alle." Franziskus spürte, wie das Dienen die Bereiche seines Inneren befreite, die in Stolz und Gier, in Einsamkeit und Angst vor dem Tode gefangen waren. Er sagte den Brüdern: „Unsere Tage können sich ganz und gar um uns selbst drehen. Selbst wenn wir beten, können wir den ganzen Tag nur mit uns selbst beschäftigt sein. Dienen macht das Herz frei; es hilft uns, wieder zu sehen, was für ein Segen es ist, einfach am Leben zu sein..."

Franziskus sah, daß die Reichen nach dem Sinn des Lebens suchen müssen. Nahe bei den Armen war er der Verletzlichkeit und Schönheit des Lebens nahe. Franziskus liebte es, das Wenige, was er hatte, zu teilen. Wenn er anderen gab, dachte er nicht an sich selbst, und sein Herz war glücklich.

Besonders gern beschenkte er Menschen, die kein Zuhause, keine Arbeit, nichts zu essen hatten. Das war leicht für ihn. Sie waren dankbar für alles, was er ihnen geben konnte. Während die Reichen niemals zufriedengestellt werden konnten, waren die Armen glücklich über ein Stück Brot und einen kleinen Gruß oder Segen. Franziskus konnte sich vorstellen, wie Gott sich fühlt, wenn er schenken und schenken möchte, und alle außer den Armen es auf eine bestimmte Weise haben wollen und nicht sehen, was ihnen alles schon geschenkt ist. Gott ist die reine Freude. Er ist das ständige Geschenk.

Franziskus wußte aus Erfahrung, daß er im Geben Gott nahe war. Er verschenkte sogar die Kutte, die er am Leibe trug. Seine Nacktheit rief solchen Aufruhr hervor, daß Bruder Elias, der zu seinem Vorgesetzten bestimmt worden war, ihm bei Heiligem Gehorsam untersagte, die eigene Kutte zu verschenken.

Franziskus gab, was immer er geben konnte. Dienen ist der klarste Weg; Dienen sprengt die Grenzen der Persönlichkeit und öffnet sie der grenzenlosen Seele. Franziskus kannte alle Ausreden:

Manche schworen, sie hätten nichts zu geben; andere waren zu sehr mit wichtigeren Dingen beschäftigt; manchen waren die anderen einfach gleichgültig, oder sie blieben bei der Überzeugung, das, was sie tun könnten, würde niemals ausreichen. Franziskus sah darin nichts als Hochmut. Wer nur um sich selber kreist, sieht seine Mitmenschen nicht. Es ist die Krankheit der eigenen Wichtigkeit. Er sah sie überall, und er sah auch, daß diese Menschen oft noch elender waren als die Hungrigen und Obdachlosen.

Wenn Franziskus nichts zu geben hatte, konnte er sich zumindest daran freuen, auf gleicher Stufe mit denen zu stehen, die auch nichts zu geben hatten. In den Ärmsten der Armen fand er seine wahren Brüder und Schwestern. Da war nichts verborgen. Jeder suchte ein wenig Brot und Gottes Gnade. Genauso fühlte sich Franziskus. Alles, was er sich wünschte, war ein wenig Brot und ein ein kleines Gefühl von Gottes Gnade. Wann immer er mehr hatte, als er brauchte, war es ihm ein großes Vergnügen, es zu verschenken. „Alles wird gegeben", dachte er, „nichts wird zurückgehalten. So ist es auch im Himmel."

„Aber wieviel soll man dienen und wieviel beten?"

Wenn er anderen diente, war Franziskus immer glücklich. Ebenso war es, wenn er in den Bergen weilte oder tief ins Gebet versunken in einer Höhle kauerte – seine Seele sang und weinte oft vor Freude. Zu welchem Leben war er berufen? „Soll ich Gott in den Herzen der Armen besuchen und in den kleinen Dörfern predigen, oder soll ich Gott in meinem eigenen mageren Körper finden und Ihn nur in der Natur verehren?"

Franziskus wußte, daß der Verstand sich oft im Wege täuscht. So rief er Bruder Masseo und bat ihn, Bruder Sylvester und Schwester Klara um Rat zu fragen. „Frage sie: Soll ich mich dem dienenden Leben hingeben, oder soll ich gehen und mir allein in Gottes Gegenwart gegenübertreten?" Jeder dieser Wege birgt seine Risiken und seine Freuden. Franziskus sah die Versuchung zu meinen, ein nur dem Gebet geweihtes Leben sei heiliger, und auch die Versuchung, sich wichtig zu fühlen, wenn man so vielen hungrigen Seelen zu essen gab. Manchmal ist es besser, weisen Rat einzuholen, als sich nur auf sich selbst zu verlassen.

Bruder Sylvester und Klara schickten beide die Nachricht: „Geh und nähre die hungrigen Seelen, teile die Flamme deines Herzens mit den Menschen, und das Feuer wird gewiß wachsen..."

Kapitel 6

Franziskus und seine Brüder

Bruder Leo

Von Bruder Leo, Franziskus' engstem Vertrauten, ging die Rede, er liege ebenso oft auf den Knien, wie er stehe. Von ihm lernte Franziskus, das Leben niemals als etwas Selbstverständliches hinzunehmen. Bruder Leo mit seiner inneren Ruhe und seiner äußeren Sanftheit betrachtete alles im Leben als heilig – jeden Bruder, jede Mahlzeit, jede Freude und jedes Leid, die das Leben ihm brachten. Wenn man Bruder Leos Leben in Worte fassen wollte, so würde er sagen: „Es ist besser, bald und von selbst auf die Knie zu fallen, als zu warten, bis die Lebensumstände einen unerwartet zur Demut zwingen."

Bruder Leo fürchtete sich nie davor, daß das Leben ihn umwerfen könnte. Er lebte bereits tiefinnerlich in voller Hingabe und Verehrung. Franziskus grüßte Bruder Leo mit den Worten: *„Gott segne dich und halte dich geborgen, Bruder Leo. Der Herr lasse Sein Angesicht über dir leuchten und sei dir gnädig. Der Herr zeige dir Sein Angesicht und schenke dir Frieden."* (Inschrift des hl. Franziskus in der Franziskus-Basilika.) Man sagte, Bruder Leo sei so demütig, daß er immer wußte, was Franziskus in seinem Herzen empfand. Manchmal saßen sie beieinander, sahen dem Sonnenuntergang zu und spürten, wie Gottes Liebe rot und orangefarben um sie glühte.

Das goldene Herz

Franziskus versuchte zu erklären, daß man ein goldenes Herz nicht davon bekommt, daß man Stunden im Gebet verbringt. Es kommt nicht davon, daß man etwas Außergewöhnliches tut, um einem Bruder zu dienen. Ein goldenes Herz kommt auch nicht vom ausgedehnten Fasten. Und es kommt nicht daher, daß man in der Nacht alle paar Stunden aufsteht, um zu beten.

Das goldene Herz bekommt der, der den Mut hat zu sehen, wie sehr Gott den Teil von uns liebt, der egoistisch ist und schnell wütend wird, den Teil, der lange braucht, bis er lieben kann. Das goldene Herz bekommt der, der versteht, wie sehr wir dafür geliebt werden, daß wir einfach menschlich sind.

Die kleinen Dinge

Die Leute wunderten sich über Franziskus' großes Herz. Die ihm nahe waren, sahen, daß er sein Herz in die kleinen Dinge legte. Sein Herz war mit den Bettlern, die um Brot baten. Wenn genug Brot da war, fütterte sein Herz auch die Tauben. Sein Herz war mit der alten Frau, die stehen blieb, um ihm alle ihre Sorgen anzuvertrauen. Sein Herz war mit einem Streifen Sonnenlicht auf seiner Kutte – vielleicht war es ein Blick Gottes! Indem er sein Herz auf die kleinen Dinge gerichtet hielt, blieb der Weg vor ihm immer einfach.

Warten, schauen, warten

Was ist Sieg und was Niederlage? Nachts zu frieren, einen Tag lang nichts zu essen, von den Brüdern wenig Aufmunterung zu bekommen – war das eine Niederlage für Körper und Geist? Wurde die Seele in der Dunkelheit des Lebens heller? „Manchmal, und manchmal nicht", sagte Franziskus. „Wir dürfen das Leid nicht verherrlichen." Wenn Leid Herrlichkeit brachte, gut! Ein warmer, sonniger Tag voll Andacht und Gebet konnte ebenfalls Herrlichkeit bringen. Franziskus entschied, daß es nicht richtig war, es sich schwer zu machen und ebensowenig, einfach nur dem Vergnügen zu leben. Sein Leben galt der Seele. Indem er weder siegen wollte noch vor der Niederlage floh, waren seine Tage erfüllt von Warten und Schauen und Warten darauf, daß die Liebe ihn ergriff. Gottes sanfter Friede kann in jedem Augenblick kommen, in jeder Verkleidung. Wenn Gott kam, war Franziskus in seinem tiefsten Wesensgrund erschüttert. Oft weinte er vor Dankbarkeit über Gottes unendliche Gnaden.

Die Brüder beobachteten ihn. Sie lernten, daß das Kribbeln des Herzens, die große Umarmung, der vollkommene Friede ihre eigene Zeit und ihren eigenen Ort hatten. Gott war jenseits allen Feilschens und aller gedanklichen Fixierungen. Franziskus betete darum, offen zu sein für die Liebe. Ganz gleich, was in seinem Leben geschah, er war in seinem Herzen bei den Lichtern und Klängen des Himmels.

Das richtige Mantra

Franziskus merkte, daß es machmal nur darauf ankam, immer wieder das richtige Wort zu wiederholen, um für Gottes Berührung wach und gegenwärtig zu sein. Das richtige Wort entspannte zuerst die Zunge und besänftigte dann auch das aufgewühlteste Gemüt. Natürlich war das kein automatischer Vorgang, aber mit etwas Übung war es so. Er lernte, Nahrung und Geborgenheit in ein paar sorgfältig gewählten Worten zu finden, die in seinem Herzen und Gemüte widerhallten. Diese Worte waren seine Decke und auch die Nahrung seiner Seele. Wenn die Seele sich warm und satt fühlte, ging es auch dem Körper deutlich besser. In den Augenblicken größter Herausforderung war es sein Mantra, das sein einsames Herz tröstete und leitete. Für Franziskus und viele seiner Brüder bekam das Mantra mit der Zeit die Kraft, jeden Augenblick zu ergreifen und zu erheben. „Herr Jesus Christus, Herr Jesus Christus" – wieder und wieder und wieder – „Herr Jesus Christus."

Eines Tages, während er sein Mantra rezitierte, hörte Franziskus ganz deutlich eine schöne, helle Stimme in seiner Brust „Halleluja, halleluja" singen. Er wiederholte immer wieder: „Herr Jesus Christus, Herr Jesus Christus" und hörte dem himmlischen Chore zu, der in seinem Inneren jubilierte und mit seinen Engelstimmen jede Kammer seines Herzens erfüllte. Er sah sich um und wunderte sich, daß der Bruder neben ihm es nicht auch hören konnte.

Auf dem Subasio

Von der Portiuncula, ihrer kleinen Kapelle, und ihren Hütten im Tale stiegen die Brüder oft hoch über Assisi hinauf, den Wolken über dem Berg Subasio entgegen. Sie kauerten sich in kleine Höhlen, schmiegten ihre Körper dicht an die Erde und lauschten. Weit weg von der Welt des Alltags heulte der Wind und blies ihre Sorgen davon. Wenn der Wind sich gelegt hatte, stieg die geheimnisvolle Stille in ihnen auf. Ihre Augen waren erfüllt von dem wunderbaren Ausblick auf das Tal und ihre Herzen vom Anblick des Himmels. Vom Berge aus gesehen, war der Himmel blauer als blau. Verglichen mit dem Lichte, das aus ihren Herzen floß und die Höhlen erfüllte, verblaßte aber selbst das Sonnenlicht. Wie kam es?

Indem sie ihr denkendes Bewußtsein in Winterschlaf legten, entfaltete sich gleichsam ihre Seele. Manche der Brüder fühlten ihr Herz von der Stille gehalten, wie die Heilige Mutter ihr Kind hält und liebkost. Manche von ihnen ließen all ihre Sorgen, all ihre Schmerzen von den Wunden des Gekreuzigten aufnehmen, als ob die Stille ein großes Willkommen wäre und alles, was nicht still ist, in ihren unendlichen Körper aufnähme. Franziskus lag in seiner Höhle und fühlte sich eins mit den Bäumen, den Vögeln, der ganzen Natur; er spürte nicht mehr, wo sein Körper anfing und wo er endete. Er war nur noch der Atem, der Wind.

Was war Teil von ihm und was nicht? Franziskus wunderte sich nie, daß die Tiere auf seine Liebe reagierten. „Warum sollten sie nicht? Sind wir denn getrennt voneinander? Sind wir nicht aus demselben Körper gemacht, der Erde, und haben wir nicht denselben Herrn und Schöpfer?"

In seine Höhle gekauert war Franziskus tief ins Gebet versunken. Er brauchte wenig Essen, denn die Stille des Berges nährte seine Seele. In die Stille wie in eine Decke eingehüllt, spürte er, daß er nicht alleine war. Oft war ein Engel an seiner Seite und betete mit ihm. Die körperlichen Bedürfnisse lassen nach, wenn der Seele so viel geschenkt wird. Franziskus liebte es, mit dem Engel zu sprechen und auch mit den Vögeln und den kleinen Tieren, die ihn besuchten. Oft blieben kleine Tiere da und wachten über ihn, wenn er die Augen schloß und in Wiesen und Gärten voller Blumen in seinem Inneren versank.

Hoch in den Bergen

Vom Subasio aus wanderte Franziskus nach Norden, nach La Verna, und nach Süden, nach Fonte Colombo, St. Urbano und Greccio. Wieder und wieder zog es ihn hoch hinauf in die Berge. Hier war die Luft leicht, die Stille überwältigend und die Natur so voller Leben. Die grünen Täler erinnerten ihn an die Weiten der menschlichen Seele, an eine Liebe jenseits des Horizontes. Auf dem Gipfel verstand Franziskus, warum die Leute, die sich in den Dörfern im Tal zusammendrängten, unglücklich waren. Die Seele braucht Raum zum Atmen, um sich an ihre Göttlichkeit zu erinnern. Die große Liebe der Seele ist so leicht zu vergessen, wenn sie in die Anspannungen des täglichen Lebens gezwängt wird. Kein Wunder, daß die Menschen voller Probleme stecken, statt von Gott erfüllt zu sein. Das Leben ist da, wohin wir unser Herz legen. Auf dem Gipfel war Franziskus eins mit den großen Wäldern, den Planeten und den Sternen. Die Ewigkeit umfing ihn.

Wochen und Monate gingen leicht und sanft in einfachem Gebet dahin. Das Leben war nicht als ständiger Kampf gedacht. Auf dem Gipfel konnte Franziskus die Schmerzen des Körpers und des Geistes nicht so ernst nehmen. Hier wußte er, daß er dem Himmel nahe war. Oft brach bei seinen Meditationen ein Glucksen und dann ein Lachen aus ihm heraus. Die Brüder sahen ihn an. „Stellt euch vor", sagte er, „sie nennen mich *poverello* (den Armen), dabei bin ich der reichste Mann der Welt und sitze hier mit meinen Brüdern auf Gottes Thron."

Reiche Familien mühen sich generationenlang, einen solchen Berg zu besitzen. „Und sogar wenn sie ihn besitzen", wunderte sich Franziskus, „wissen sie, wie reich sie in Wahrheit sind? Die Leute arbeiten für Geld und suchen etwas, was man nicht kaufen kann."

Ein Vogel flog vorbei, und Franziskus erinnerte sich daran, einen solch schönen Tag nicht mit überflüssigen Gedanken zu verschwenden. Sein Herz streckte sich bis zu den Horizonten des Tales und des Himmels. Dann brach etwas auf, und er spürte, wie eine Woge von Licht aus seiner Brust rollte und sich unaufhaltsam über alles ergoß, was ihr in den Weg kam.

Schlamm, Wind und Jahreszeiten

Im Winter wurden die Straßen sehr schlammig. Weder Pferde noch Menschen waren jetzt gern unterwegs, und Franziskus und seine Brüder befanden sich meist allein auf ihren Wanderungen.

Franziskus sagte: „Ich kann verstehen, daß die Reichen sich nicht die Stiefel schmutzig machen und ihre Pferde schinden wollen. Aber es ist eigentlich nicht so schlimm." Er ging in seinen Sandalen oder barfuß und genoß das Gefühl der nassen Erde, die seine Füße liebkoste. „Die Menschen machen das Leben viel schwieriger und komplizierter, als es in Wirklichkeit ist", sagte er. „Unsere Gedanken und Urteile schaffen Hindernisse, wo gar keine sind." Er stand mit seinen Brüdern im Schlamm und lachte. „Gott segne Bruder Schlamm und Frau Einfachheit!" Die vollkommene Freude kommt in solchen Augenblicken.

Im Vorfrühling war der Wind, der das Tal durchbrauste, manchmal recht heftig und laut. Die Leute blieben aus Gewohnheit im Haus, ganz gleich, ob es windig war oder nicht. Franziskus war ein Gegener von Routine und Gewohnheiten. „Wir müssen frisch und offen bleiben für das, was die Liebe sich wünscht." Wenn der Wind sehr stark war, liebte er es, mit vorgestrecktem Kopf gegen all diese Kraft anzugehen. Er hielt das schönste Bild der Gottesmutter mit dem Kind in seinem Herzen und genoß das Gefühl, daß nichts in dieser Welt sich zwischen ihn und Gott stellen konnte. Während wir auf Erden sind, müssen wir uns an den Himmel erinnern, dachte er, während sie im Himmel an die Erde denken.

Schlamm und Wind gehörten einfach zu den Jahreszeiten. Jede Jahreszeit erinnerte auf ihre eigene Art an die Seele. Der Frühling war noch schöner, wenn man einen langen Winter hinter sich hatte. In der kalten Jahreszeit, wo es wenig Hoffnung gab, wußte er, daß mit dem Frühling auch eine neue Geburt und Auferstehung kommen würde. Nach einem warmen Sommer voll großer Freude war er bereit für den Herbst und die Farben der Bäume, wenn sie ihre Blätter losließen. Jeden Herbst ließ auch Franziskus los und versuchte, kleiner zu werden, demütiger und häufiger zu meditieren. Es war die Zeit, um nutzlose Gedanken, Pläne und Wünsche loszulassen und weniger zu werden, so daß das Göttliche in den folgenden Jahreszeiten Platz zum Wachsen hatte. Wer würde er im Frühling sein? Jede Jahreszeit war ein Aufruf, ganz neu zu werden. Franziskus wollte nichts festhalten, nichts als das Vertrauen. Die Jahreszeiten so wie seine Freunde, die Tiere, lebten in vollkommenem Vertrauen. Warum also nicht auch er?

Die Menschen in der Stadt hatten keine Zeit, auf den Zauber der sich verändernden Jahreszeiten zu achten. Franziskus jedoch erinnerte jede Jahreszeit an die verschiedenen Jahreszeiten des Herzens. Herbst und Winter waren ihm ebenso willkommen wie Frühling und Sommer. Die Bauern konnten die Erde ihres Herzens für Gottes Saat bereit machen, wenn sie je nach der Jahreszeit den Boden für die Saat vorbereiteten. Die Veränderungen der Erde sollten geehrt und geachtet werden. Die Düfte und Geschmäcker jeder Jahreszeit zeugten von der Vielfalt und Fülle im Garten der Seele.

Das innere Leben hat seine eigenen Jahreszeiten. Franziskus wollte nicht nur zusehen, wie die Natur sich in immer neuen Stimmungen wandelte und ständig neu erschuf, sondern er wollte Teil davon sein. Wenn er im Frühling draußen saß, spürte er die Bäche von den Bergen strömen und atmete den Duft der kleinen Blumen, die ihren Tag in der Sonne verbrachten, wie einen Teil seiner selbst. Wenn er dem Regen zuhörte, nährte das Wasser seine Seele. Wenn die Sonne wieder auf seiner Haut tanzte, festigte und stärkte ihre Wärme seine Liebe. Jede Jahreszeit mit all ihren Herausforderungen oder all ihrer Fülle mußte voll gelebt werden, als Geschenk unseres Schöpfers. Während die Reichen, in ihren Schlössern verschanzt, so zu leben versuchten, als ob es die Jahreszeiten nicht gäbe, genoß es Franziskus, mit den Armen zu sein, die jeden Wind, jeden Sturm hautnah fühlen. Die Natur in all ihrer Sanftheit und Schärfe war ihm ein vollkommener Lehrer, der ihn immer wieder an die göttliche Gegenwart erinnerte. Inmitten der Winde und Stürme des Lebens waren Gottes Frieden und Liebe gegenwärtig.

Stille auf dem Marktplatz

Einen Bruder gab es, der ging am liebsten auf den Dorfplatz, setzte sich dort mitten ins Gewühl und versank in tiefe Kontemplation über die Mysterien des Göttlichen. Es wurde zu einem geflügelten Wort unter den Brüdern: „Wenn du Stephano suchst, dann schau, wo es am lautesten ist. Bestimmt sitzt er da und meditiert." Sie fragten ihn: „Warum gehst du nicht hinaus in die Natur oder suchst dir mit Franziskus eine stille Höhle, um die große Stille zu finden?" Er lachte: „Jeder kann die Stille in der Natur finden, aber woher weißt du, wenn du da bist, ob du wirklich die Stille gefunden hast oder ob dein Verstand sich nur ein bißchen ausruht?" Wenn er mitten auf dem Marktplatz die Stille fand, dann hatte er keinen Zweifel, daß er nicht nur den Verstand, sondern auch die Geschäftigkeit der anderen um sich her besiegt hatte. Was er suchte, war die wahre Stille, die kein Lärm auslöschen kann. So suchte er sich den lautesten Platz zum Meditieren. Dort war seine Gegenwart mit geschlossenen Augen und stillem Herzen eine Erinnerung an Gott.

Stephano gestand den Brüdern niemals die ganze Wahrheit. Aber Franziskus kannte sie. Stephano wählte den Marktplatz, statt sich in die Berge oder in eine Kapelle auf dem Lande zurückzuziehen, weil die Liebe, wenn er allein war mit der Stille, einfach zu viel für ihn war. Er fühlte sich zu klein, zu nackt. Die Gegenwart der Engel und das intensive Licht, das die Stille füllte, überwältigten ihn. Sein Herz war zu verletzlich. Der Lärm und die kleinen Ablenkungen durch die Leute um ihn waren ihm willkommen. Im Dorfe konnte sich sein Herz ganz langsam öffnen, bis er fähig war, all die Gnade in sich aufzunehmen.

Die Kirche

Die Kirche hatte durch ihren Machtmißbrauch und ihre Gier nach Abgaben viele Menschen von sich weggestoßen. Aber wohin sollten sie jetzt gehen? Franziskus weinte, denn er sah, wie den Menschen der sichere Ort, wo sie Gott lieben konnten, verlorenging. Der Altar, die Sakramente, das Heilige Abendmahl, die Leben der Heiligen und vieler großer Seelen hatten die Kirche aufgebaut, zum Nutzen aller. Jetzt wurde alles vergeudet. Die Geistlichen haben die demütige Pflicht, Gott groß und sich selbst klein zu machen. Genau das Gegenteil geschah. „Was wird aus der Kirche werden?" fragten viele Franziskus. Er antwortete: „Die Seele wird die Menschen wieder zu sich rufen. Gott wird die Armen, die Treuen erhöhen, und die Reichen, die Egoistischen werden unter ihrem eigenen Gewicht zusammenbrechen. Liebt Gott. Liebt Gott. Liebt Gott. Das ist der Anfang, die Mitte und das Ende unseres Weges."

Führung

Zu Anfang wollte niemand etwas mit Franziskus zu tun haben. Man fühlte sich mit ihm so unbehaglich wie mit jedem anderen Bettler, dem man begegnete. Zu betteln, weil man nichts zu essen und kein Obdach hatte, war eines. Aber wenn Franziskus um Gottes Gnade bettelte, war es einfach mehr, als man verstehen konnte. So lief Franziskus in die Felder hinaus und schrie: „Gott, erbarme dich meiner! Gott, erbarme dich meiner!...", und die Natur nahm ihn auf.

Später wurde derselbe Franziskus überall willkommen geheißen. Es hatte sich herumgesprochen, daß er ein Heiliger war oder werden würde. Sein Betteln, Gottes Liebe erfahren zu dürfen, hatte Erfolg. Tatsächlich war Franziskus jetzt heilig. Das einfache

Volk glaubte an ihn. Wann immer er stehenblieb und mit den Leuten sprach, war er geduldig und voller Anteilnahme. Er sprach mit Fremden wie mit alten Bekannten. Er gab den Menschen das Gefühl, daß er nirgendwo lieber sein wollte, als gerade hier und bei ihnen.

Natürlich wollten die Leute, wenn sie schon Gelegenheit hatten, mit einem Heiligen zu sprechen, ihm auch alle ihre Nöte unterbreiten und ihn bitten, für sie zu beten und sie zu beraten. So fragten sie: „Was soll mit meiner Tante geschehen, die immer so krank ist? Meine Frau ist gestorben, soll ich wieder heiraten? Soll ich den Hof verlassen und lieber in die Stadt ziehen, um mehr Geld für meine Familie zu verdienen?"

Franziskus hatte, ganz gleich auf welche Frage, immer nur eine Antwort, von der er wußte, daß sie die richtige war: „Liebt Gott, liebt Gott." Das wollten die Leute natürlich nicht hören. Sie wollten praktische Antworten auf ihre praktischen Fragen. Aber irgendwie stellte sich einfach dadurch, daß er mit den Menschen und der Stille in ihnen war, die vollkommene Führung ein. „Den schwierigsten Menschen in deinem Leben – liebe ihn." – „Nimm den kleinen Kelch der Freude an, den du jetzt hast, anstatt dir Sorgen zu machen, wann mehr Freude kommen könnte." – „Lebe einfach." – „Wenn etwas kompliziert ist, ist Gott nicht dabei." – „Folge dem Strom der Liebe, den du schon kennst, ganz gleich, wie klein er vielleicht ist, und er wird weiter und tiefer werden." – „Trachte zuerst nach dem Reich Gottes, und alles andere wird dir dazugegeben." Reich oder arm, gläubig oder zynisch – Leute aller Art fanden Hoffnung einfach dadurch, daß sie mit Franziskus zusammen waren. Franziskus hatte einfach, indem er er selbst war, jedem den Frieden zu bieten, der versprach, daß es Gott gab. Seine Liebe sagte ihnen, daß in allem eine Seele ist.

Beziehungen

Im Hause seiner Eltern hatte Franziskus mit dem Schmerz des Vaters gelebt und mit der Wut, die jener an ihm und seiner Mutter ausgelassen hatte. Franziskus sah, wie die Mutter versucht hatte, mit dem Zorn des Vaters fertigzuwerden. Überall in Italien, in jeder Familie, in jedem Dorfe, lief dasselbe Drama ab. Gute Menschen litten Schmerzen. Gute Menschen, Ehegefährten und ihre Kinder litten Schmerzen, über die sie keine Herrschaft hatten. So viele verletzten gerade die Menschen, die sie am meisten liebten, die Menschen, die ihre besten Freunde und ihnen jeden Tag zu Diensten waren.

Franziskus war entschlossen, anders zu leben. „Bevor wir andere kritisieren, sollten wir auf uns selber schauen", sagte er seinen Brüdern." Er wußte, es war viel leichter, den Splitter im Auge des anderen zu sehen als den Balken im eigenen Auge. Vielleicht würden die Brüder einander mit Achtung und Liebe begegnen, wenn er selbst mit gutem Beispiel voranging.

Aber was tut man mit dem Balken, den man im eigenen Auge findet? Ihn einfach zu erkennen war nicht genug. Franziskus wußte, daß er den Balken herausziehen wollte. Wenn er ihn entfernte, spürte er seinen eigenen Schmerz. Er widerstand der Versuchung, anderen das Unrecht zuzuschieben. Er beobachtete seine Wünsche, es bequem zu haben und nicht ins eigene Herz zu schauen. Er entblößte sein altes Selbst, um es zurückzulassen in der Hoffnung, etwas Größeres werde an seine Stelle treten. Anstatt andere zu kontrollieren, wollte er seinen eigenen Schmerz fühlen und ihn zu Gott bringen. Anstatt bei anderen nach der Liebe zu suchen und enttäuscht zu sein, wenn sie nicht so waren, wie er es sich wünschte, wußte Franziskus, daß Gott nur im eigenen Inneren zu finden ist. Anstatt andere zu verurteilen und sich über sie zu beklagen, wandte er sich noch tiefer nach innen, bis er vollkommenen Trost fand. Franziskus hatte Gott gefunden. Er wußte, daß diese Liebe der einzige wahre Heiler, Freund und Geliebte war. Sein Herz tat sich auf für alle, die Schmerz litten, aber keinen Zufluchtsort hatten, die keinen klaren Weg zum einfachen Frieden der Liebe gefunden hatten. Franziskus schlichtete jeden Streit, so rasch er konnte. „Es gibt nur Vergebung. Es gibt nur Vergebung!" schrie er hinaus für alle, die es hören wollten. Franziskus wußte, daß die erste und einzige Beziehung die zwischen jeder einzelnen Seele und Gott ist. Bis diese Beziehung gefestigt ist, leiden alle anderen Beziehungen.

Für die Brüder war der Weg nicht immer so klar. Manche, die Franziskus und seinen Weg ursprünglich verehrt hatten, beklagten sich später bitterlich und fanden viele Mängel an ihm und seiner Lehre. Einige der Brüder, die dem Orden ewige Treue und Hingabe geschworen hatten, sollten ihn später verleugnen und sagen, andere Wege seien besser. Franziskus litt darunter, daß Brüder, die ihm ans Herz gewachsen waren, wieder gingen. Er wußte, daß es nur ihr Ego war, das etwas beherrschen wollte, was sich nicht beherrschen ließ. In dem Maße, wie die Gemeinschaft wuchs und sich veränderte, war für Franziskus nur eines sicher, und das war Gott.

Klara sagte: „*Andere zu lieben beginnt damit, Gott zu lieben.*" Sie schrieb an Schwester Agnes: "*Halte das brennende Verlangen nach der Vereinigung mit Christus in deinem Herzen lebendig. Liebe mit all deinem Sein den Einen, der sich dir vollständig gegeben hat... Wenn du mit Ihm leidest, wirst du mit Ihm herrschen. Wenn du mit Ihm stirbst, wirst du einen Platz im Paradies haben.*" (Zweiter Brief Klaras an die heilige Agnes von Prag)

Wie Klara entdeckte auch Franziskus, daß das Selbst durch die Liebe zu Gott von seinem Egoismus und seinem Verteidigungswahn befreit wird. Gottes reine Fülle befreit davon, mit anderen streiten oder sie beherrschen zu wollen. Wenn Liebe da ist, warum sollte irgend jemand die Liebe verleugnen und einen anderen verletzen?

Gott, Du bist mein ein und alles!

Mitten in der Nacht merkte Franziskus manchmal, daß seine Träume ihn von seinem Gebet, Gott zu erkennen, wegzogen. Er wachte auf, fiel schnell auf die Knie und bekräftige wieder das Ziel seines Lebens. Von ganzem Herzen sagte er: „Gott, Du bist mein ein und alles." Wenn er so wachlag und in die sternenklare Nacht schaute, spürte er die Energie der Nacht und des vorangegangenen Tages, die Gedanken und Ereignisse, die nicht seinem Ziele dienten. Er sammelte all seine inneren Erfahrungen ein und brachte sie voll Freude zurück zu Gott. Es war die Zeit, wo er an die Wünsche nach Essen und Wärme dachte, die er während des Tages gehabt hatte, und auch an seine Wünsche für die verschiedenen Brüder und wo er seine tiefste Sehnsucht spürte, die Sehnsucht, Gott zu lieben. Es ging ihm nicht so sehr darum, einen Wunsch aufzugeben, sondern sich daran zu erinnern, wonach er sich wirklich sehnte. Franziskus liebte seine späten Nachtwachen, wenn er sich mit Herz und Seele an die große Liebe erinnerte, und bestätigte erneut: „Gott, Du bist mein ein und alles."

Mitten in der Nacht, wenn alles schlief, war er glücklich wach zu sein. Während des Tages wandert das Bewußtsein hierhin und dorthin, aber in der Nacht gibt es nur einen Weg. Franziskus ließ sich auf die Knie nieder, die Hände vor sich ausgestreckt. Er brachte einfach alles, was er war, den Sternen und der Ewigkeit dar. „Gott, Du bist mein ein und alles," widerholte er immer und immer wieder. Das Feuer seines Herzens brannte in seiner Brust und hielt seinen Körper warm, bis er müde wurde und wieder einschlief.

Eines Nachts schrieb Franziskus vor dem Einschlafen: *„Gott, Du bist Liebe und Erbarmen. Du bist Weisheit. Du bist Demut. Du bist Geduld. Du bist Schönheit. Du bist Sicherheit. Du bist Ruhe. Du bist Freude und Fröhlichkeit. Du bist unsere Hoffnung. Du bist unsere Gerechtigkeit. Du bist Mäßigung. Du bist bis zum Überfließen alles, was uns lieb und teuer ist."* (Inschrift in der Franziskusbasilika)

Kapitel 7

Frau Armut

„Schwester Armut" nannte er sie gern. Während die Leute ihr Leben lang gegen die Armut ankämpften, erkannte Franziskus die Armut als Nacktheit, als Verletzlichkeit; Zeiten der Armut öffneten das Herz am weitesten für die Gegenwart der Liebe. Wenn er nur wenig von dem hatte, was das Leben normalerweise angenehm macht, war es Gottes einfacher Friede, der ihm das Leben versüßte. Armut bedeutete für Franziskus, Gottes Fülle zu entdecken.

Es gab Tage mit wenig Brot und Wärme, aber Gott gab ihm immer, was er brauchte. Wichtiger als die körperlichen Bedürfnisse war, jeden Tag die vollkommene Nahrung für seine Seele zu finden. Dies war das Leben der Ewigkeit. Frau Armut erinnerte ihn: „Überlaß deine Ängste der vollkommenen Liebe. Laß dich nicht davon ablenken, wie wenig die Welt zu bieten hat, wenn ich dir immer mehr schenke." Während die meisten Leute Angst hatten, nicht genug zu bekommen, fand Franziskus immer mehr Freude in seiner Einfachheit. Während andere ihre Sicherheit in der Welt suchten, fand er sie in seinem Inneren. Die Armut machte ihn frei, frei von Angst, frei für ein volles, glückliches Leben.

Schwester Armut war seine Geliebte. Je mehr er sie kennenlernte und ihre Schönheit spürte, trat ihre Liebe an die Stelle seiner Angst. Wenn er nicht dem Besitz nachjagte, nicht kontrollieren wollte, was der Tag ihm brachte, wurde er offen für das wahre Leben. Er war offen für die Liebe, die immer schon da war. Er übte sich darin, nicht an seinen Vorstellungen festzuhalten, wie das Leben zu sein hatte. So konnte er das lieben und schätzen, was schon war. Anstatt darauf zu bestehen, daß es so oder so zu sein hätte oder daß seine Wünsche erfüllt wurden, wollte er die Liebe sehen und verehren, die immer gegenwärtig ist. Er wurde zu einem Liebenden des einfachen Seins, des Atmens und Spürens, was ist.

Schwester Armut war sein Freund und spiritueller Lehrer. Kinder denken nur an sich und was sie wollen. Als Halbwüchsiger kreist man noch ausschließlicher um sich selbst. Man konnte sein ganzes Leben mit dem Versuch zubringen, sich selbst glücklich zu machen. Franziskus wollte sich selbst vergessen und Frau Armuts feinste Zärtlichkeiten spüren. Sie lehrte ihn, über das 'Ich will' hinaus in das Bewußtsein des 'Ich bin' hineinzuwachsen. Und sie lehrte ihn, daß er dann am meisten war, wenn er diente, wenn er gab. Unablässig schenkte Frau Armut ihm ihren Reichtum. Die zarten Augenblicke eines jeden Tages warteten darauf, daß er sie dankbar annahm und zu schätzen wußte. In seiner Nacktheit genoß Franziskus die schöne Verletzlichkeit des Lebens. Frau Armut entkleidete ihn immer und immer wieder für die einfache Süße des Lebens.

Armut bedeutete für Franziskus, die Leere als Freund willkommen zu heißen. Wenn er mit der Leere im Frieden war, blieb wenig Raum für Angst. Franziskus sah, wie seine Sorgen wuchsen, wenn er die leeren Teile seines Lebens nicht annahm, die Zeiten, wo es wenig zu essen gab oder wo er krank in seiner Höhle lag. Bei diesen Gelegenheiten hatte er ganz klar die Wahl, sich seinen Ängsten zuzuwenden oder der Liebe, die stets gegenwärtig war. Wenn er sich Frau Armut und ihren einfachen Gaben öffnete, waren die kleinen Blumen des Lebens immer ganz nah. Franziskus war entschlossen, ihre Liebe zu finden.

Frau Armut beruhigte und heilte seinen Körper und sein Gemüt von Zwanghaftigkeit und eingebildeten Bedürfnissen. Sie hielt seine Seele und schützte ihn vor den ängstlichen Gedanken, die so leicht und oft ohne jeden Grund aufsteigen können. Frau Armut war in den sanften Berührungen der Liebe, die Franziskus daran erinnerten: Gott ist hier, Gott ist hier!

Armut und Ernst

Um den Segen der Armut zu empfangen, versenkte Franziskus sich in folgendes Gebet: *„Möge die feurige und honigsüße Macht deiner Liebe, o Herr, mich aller Dinge unter dem Himmel entwöhnen, so daß ich sterbe vor Liebe zu deiner Liebe, der du vor Liebe zu meiner Liebe gestorben bist."* (Zitat von Franziskus nach Bruder Bernardinus von Siena)

Franziskus erinnerte die Brüder, daß Armut nicht bedeutet, daß man auch ernst zu sein hat. „Warum Gelübde ablegen, unglücklich zu sein? Davon gibt es schon genug. Armut soll uns nicht traurig machen, sondern frei." Und wie geschieht das? Für Franziskus waren die Lehren des Christentums klar. „Wir werden erinnert, alles loszulassen, um nicht von Gottes Liebe abgelenkt zu werden." – „Selbst Probleme können Besitztümer sein", erinnerte Franziskus die Brüder, „deshalb sollten wir nicht zu sehr an ihnen festhalten. Gottes Liebe kann jedes Problem augenblicklich verschwinden lassen, wenn wir nicht damit verhaftet sind. Wir müssen große Vergebung üben. Wir vergeben dem Bruder, der anscheinend mehr nimmt. Wir vergeben dem Bruder, der sich beklagt. Wir vergeben dem Bruder, der bestimmen will. Frau Armut lehrt uns, daß es unser größter Schatz ist, vergeben zu können, und daß jeder Besitz, einschließlich unseres Willens, nur eine zeitweilige Annehmlichkeit ist."

„Alles verschenken und unsere Füße in den Strom der Vergebung stellen, das ist es, was uns zur Freude führt. Es gibt keinen Grund, so ernst zu sein. Liebe führt zum Humor. Ernst ist ein Zeichen, daß wir die Liebe vergessen haben, besonders, daß wir vergessen haben, uns unsere eigene Menschlichkeit zu verzeihen. Armut legt unsere Härte, unsere Selbstsucht und alles von uns bloß und bringt uns in das zärtliche Jetzt. Im Jetzt können wir sehen und fühlen, wie sehr Gott uns liebt. Das ist Armut: Frei zu sein, um Gottes Liebe zu spüren."

Franziskus lehrte die Brüder, wie sie Vergebung üben sollen: *„Der Herr sagt im Evangelium: Liebe deine Feinde! Du liebst deine Feinde wirklich, wenn du nicht über das Böse brütest, das ein anderer dir angetan hat, sondern statt dessen um die Sünde auf seiner Seele trauerst und ihn trotzdem weiter liebevoll behandelst, um der Liebe Gottes willen."* (Ermahnung 9)

Das Leben als Geschenk

Die Brüder wurden, wenn sie zusammentrafen und ihren ständig wachsenden Orden betrachteten, allmählich ganz besessen davon, Tagespläne aufzustellen, Ziele zu setzen, Ordnungen zu entwerfen. Franziskus ermahnte sie: „Wie könnt ihr Gott organisieren? Ihr verbringt eure Zeit besser damit, zu beten oder den Armen zu dienen." „Aber, Franziskus", beharrten sie, „was sollen wir denn mit all den neuen Brüdern machen, die zu uns kommen?" Franziskus fand es nicht schwer, darauf zu antworten: „Wenn ein neuer Bruder kommt, dann fragt ihn, wie er heißt, und helft ihm, sich hier einzurichten." Wenn die Brüder versuchten, ihn zu überzeugen, daß mehr Organisation vonnöten war, meinte er: „Empfangt jeden Tag als Geschenk. Jeder neue Bruder ist ein Geschenk. Jeder von uns kann sich in einem Augenblick des Betens oder in der Nacht, wenn der Herr uns im Schlafe besucht, vollkommen verändern." Er versuchte zu erklären, auf welche Weise sie das Leben wie ein Geschenk leben könnten. Die Brüder beschäftigten sich inzwischen mit Versammlungen, Plänen und Vorbereitungen.

Das trockene Flußbett

In der Nähe des Hügels, wo ihr Lager war, lag ein ausgetrocknetes Flußbett. Franziskus ging gern frühmorgens dorthin, setzte sich in den kalten Sand, betete und meditierte. Wenn er seine Meditation beendet hatte und die Sonne höher am Himmel stand, predigte er allen Brüdern, die gerade in der Nähe waren und zuhören wollten. Sie wußten ungefähr, wann er zu predigen beginnen würde, und einige versammelten sich pünktlich jeden Morgen auf den steilen Flußufern über der Stelle, wo er saß. „Der Weg zum Himmelreich ist diesem trockenen Flußbett ähnlich", begann er oft. „Wenn wir auf dem Grunde unseres Herzens sitzen, wo es ganz trocken und leer sein kann, dann sind wir bereit, wenn die Wasser des Himmels kommen. Wenn dann die Fluten höher und höher steigen, sind wir mitten in unserem Herzen, voll von Gott. Oh, die Freude dieses trockenen Flußbetts! Jeden Tag bin ich dankbar, denn ich weiß, ich bin am richtigen Ort, um die große Liebe zu spüren, wenn die Wasser wieder kommen."

Die Brüder erkannten dies als ein immer wiederkehrendes Thema in Franziskus' Reden. Heißt die Leere willkommen! Freundet euch mit der Leere an! Franziskus liebte es, zu Beginn seines Tages einfach im Sand zu sitzen und alle die einsamen Stellen in seinem Herzen zu spüren, die sich später am Tage zu Selbstmitleid oder Angst auswachsen konnten. Er wußte, ein Gramm Selbstmitleid oder Angst konnte ganze Tonnen von Problemen heraufbeschwören. Es war besser, jeden Tag mit dem Morgengebet zu beginnen. Es war wie eine warme Decke, die jeder ängstlichen Stelle in seinem Inneren den Frieden zurückbrachte. Dann, wenn die Liebe kam, die ganz besondere Gnade eines jeden Tages, war er bereit für sie. Ohne Angst hatte Franziskus keine Probleme. Das trockene Flußbett erinnnerte ihn daran, sein Herz in die goldene Liebe des Himmels in seinem Inneren zu legen.

Tränen

Das erste, was einem an Franziskus' Augen auffiel, war der stetige Fluß seiner Tränen. Tränen sind das Blut der Seele. In dem Maße, wie Franziskus seine Seele freilegte, weinte er immer mehr. Er weinte über die Schönheit des vollen Mondes, der des Nachts ihr Lager beleuchtete. Er weinte, wenn er dem Gesang der Sterne am stillen Himmel lauschte. Seine Augen füllten sich mit Tränen, wenn er sah, wie demütig die Brüder füreinander sorgten. Weinend flehte er zu Füßen des Kreuzes um Gottes Gnade. Er weinte vor Schmerz, dem Schmerz des gekreuzigten Christus, dem Schmerz aller Wesen. Er weinte vor überströmender Freude über die Gaben der göttlichen Liebe, über Essen und Obdach, die niemals ausblieben. Er weinte mit denen, die Kummer hatten oder krank waren. Er weinte, wenn er den milden Tau des Morgens unter seinen Füßen spürte. Für ihn waren es die süßen Tränen der Erde. Franziskus weinte und weinte. Seine Augen waren so geschwollen von den Gefühlen der Liebe, daß er sich eine chronische Augenkrankheit zuzog. Er weinte sogar, wenn es gar keinen Grund dafür gab, einfach um des Wunders willen, sein Herz und seine Lungen arbeiten zu spüren. Er weinte so viel, daß er schließlich blind wurde vor lauter Liebe.

Er weinte für all jene, die nicht weinen oder nicht weinen können. Seine Tränen zeugten davon, daß seine Seele ganz lebendig wurde. Er entschuldigte sich bei den Brüdern, erklärte, daß man sich so viel Liebe nicht öffnen könne, ohne ebenso viele Tränen zu vergießen. Manchmal hüteten sich die Brüder, ihm etwas mitzuteilen, weil sie fürchteten, daß er weinen würde und die Augen sich dann wieder entzündeten. Und Franziskus weinte dann darüber, daß die Brüder seinen unwichtigen Körper schonen wollten. Manchmal liefen ihm die Tränen tagelang unaufhörlich aus den Augen und die Wangen hinunter. Im Leben dieses Heiligen waren Liebe und Tränen ein und dasselbe.

Der Tunnel

Den meisten seiner Brüder sagte Franziskus nichts davon, aber es gab eine Zeit, wo er, wann immer er die Augen schloß, um zu beten, nur Dunkelheit um sich sah und fühlte. Es gab nichts als seine Nacktheit und sein Alleinsein. Es war sehr dunkel, schwärzer als schwarz. Der Raum, ganz gleich, wie weit er in seinem Inneren wanderte, schien endlos zu sein. Franziskus fürchtete sich. Vielleicht war dies das Ende seines spirituellen Abenteuers, seiner Entdeckungsreise in die Seele. Er spürte nur seinen müden Körper, hörte die inneren Stimmen, die Trost suchten. Das vom Geist erfüllte Leben schien tot zu sein.

Franziskus betete in dieser Dunkelheit. Er fragte sich laut: „Bin ich schon tot?" War sein tägliches Tun nichts als eine Aktivität seines müden Körpers, der es noch nicht begriffen hatte? Franziskus war schon Menschen begegnet, die wie lebende Tote waren. Sie lebten und sprachen, aber sie schienen ohne Liebe zu sein, es war keine Freude mehr in ihnen. Vielleicht war auch er zu einer solchen leeren Hülle geworden, zwar am Leben, aber in der Finsternis.

Er war niedergeschlagen und voller Angst, bis er eines Nachmittags in der Dunkelheit das Pochen seines Herzens hörte. Als er sein Herz spürte, wurde ihm allmählich bewußt, daß die Dunkelheit warm war und er sich eigentlich ganz sicher darin fühlte. Selbst in ihrer riesigen, endlosen Tiefe spendete sie so etwas wie Geborgenheit. Bald darauf bemerkte er in seiner Meditation ganz weit entfernt, irgendwo im schwarzen Raum, ein kleines Licht. Er wußte nicht, ob das eine Versuchung war oder wirklich eine Einladung. Bevor sein Verstand jedoch erfassen konnte, was geschah, fühlte er sich selbst durch den Raum schweben, näher und näher hin zu dem stecknadelkopfgroßen Licht in weiter Ferne.

Das Lichtpünktchen wurde rasch größer. Franziskus hielt erwartungsvoll den Atem an. Schwebte er zum Lichte hin oder kam es auf ihn zu? Es war nicht wichtig. Einmal dort angekommen, würde sein Leben für immer anders sein, dessen war er gewiß.

Der dunkle Raum war auf seltsame Weise vertraut, als ob er sein Körper und ein Teil von ihm wäre. Er spürte sein Herz und ging tiefer in sich hinein, und das Licht wurde stärker und heller. Er war fast da. Es war sehr hell, heller als alles Licht dieser Welt! „Werde ich Christus sehen?" fragte sich sein Verstand. Dann dachte er, das Licht müsse der Widerschein der Flügel jener Engel sein, die kommen, um den Wesen in die nächste Welt zu helfen. Als er näherkam, war nur noch das Licht da, ein einziges großes Strahlen. Er begriff sofort, daß dieses Licht die Quelle war. Es war das Licht, das die Herzen der ganzen Welt erleuchtete.

Viele Tage lang schlief und wandelte er in diesem Licht. Er hatte wenig Worte. Seine Augen funkelten und tanzten. Jetzt, da er wußte, daß die meisten Menschen dieses Licht nicht erleben, weil sie niemals durch ihre Dunkelheit gehen, sagte er seinen Brüdern. „Fürchtet euch nicht vor dem dunklen Tunnel. Er wird euch zum großen Licht führen."

Sexualität

Immer wieder erfuhr Franziskus, daß er, solange er noch die Augen öffnen und seinen Körper bewegen konnte, ein Leben auf der Erde führen mußte, ganz gleich, wieviel Licht er in seinem Inneren entdeckte. Es blieb ein Mysterium für ihn, wie er die große Liebe in seinem Inneren mit dem schweren und fordernden Körper vereinbaren konnte.

Er war immer noch ein Mensch, der Hunger und sexuelle Gefühle hatte. Der Hunger war in Ordnung und schien etwas Natürliches zu sein. Sexuelle Bedürfnisse hingegen waren nicht so einfach zu handhaben. In einer Winternacht quälten sie ihn so, daß er nackt in den Schnee hinauslief und aus dem Schnee die Figuren einer Frau, mehrerer Kinder und einer Dienerin formte, um die Teufel, die ihn marterten, zu befriedigen.

Franziskus stellte sich oft vor, daß eine Leiche die Zelle mit ihm teilte. Wenn er über die Vergänglichkeit des Körpers und die Verheißungen der Ewigkeit meditierte, wurden seine sexuellen Begierden zur Gottesliebe erhoben. Wenn er die Leiche als sich selbst sah, wandte er seine sexuellen Gefühle rasch in eine andere Richtung.

In jener Zeit wurde Sexualität als Lust betrachtet, und Lust war schlecht. Aber es war alles nicht so leicht. Franziskus war ein fahrender Sänger gewesen und hatte die Frauen geliebt, bevor er Mönch wurde. Er hatte Erinnerungen an Liebesnächte, wenn sein Herz und sein Körper sich nach der Liebesgunst und Berührung einer Frau sehnten. Damals hatte er an die schönste Frau von Assisi gedacht, und jetzt lag all diese Energie in der Sehnsucht nach Gott. Aber sein Körper war noch da.

Es war nicht verwunderlich, daß Franziskus sich davor fürchtete, Klara und ihre Schwestern zu besuchen. Gott war wunderschön in ihnen allen gegenwärtig. Klara indessen hatte diese Ängste nicht, vielleicht weil ihre Sexualität in ihrem Körper war, der die Erde, den Klostergarten mit einschloß. Vielleicht hatte sie keine Angst vor ihren sexuellen Gefühlen. Sie kannte ihre eigene Energie, einschließlich ihrer Sexualität, wenn sie Hände und Herz dazu benutzte, für die Schwestern und die vielen Stadtleute zu sorgen, die kamen, um sich die Hand auflegen und von ihr heilen zu lassen. Dennoch verstand sie Franziskus' Verletzlichkeit und ließ ihre Wünsche, daß er sie besuchen möge, los.

Die Fragen bleiben jedoch bestehen. Leben die Geistlichen wirklich ohne Begierden, oder werden sie bloß verdrängt und unbewußt gelassen? Strömt die Sexualität wie ein Fluß aus ihnen heraus, aber auf andere Weise? Wird sexuelle Energie, die nicht geachtet und befreit wird, zur Lust und somit zu etwas Schlechtem,

Pervertiertem? Oder nimmt das sanfte Gebet des Herzens die sexuelle Spannung in sich auf und bringt einen Frühling der Seele, in dem der Körper in Unabhängigkeit und Ganzheit erblüht?

Bei all seinen Konflikten mit dem Körper muß man auch daran denken, daß Franziskus eine reiche Freundin in Rom hatte. Er nannte sie Bruder Jocoba. Alle freuten sich auf ihre Besuche, auf die süßen Kuchen, die sie immer buk, und auf ihre freundliche Gesellschaft. „Bruder Jocoba ist jederzeit willkommen", verfügte Franziskus, „und muß gleich zu mir geführt werden."

Wie alle anderen machen auch die Heiligen verschiedene Phasen durch – in der Sexualität wie auch im Herzen. Es gibt Zeiten der Einsamkeit und Zeiten, wo die Liebe in großer Fülle da ist. Manchmal ist die Sexualität eine Ablenkung, eine niemals zu befriedigende Versuchung. Manchmal ist sie reine Liebe, die in den Körper aufgenommen und an die Sterne abgegeben wird.

Franziskus war sich klar darüber, wozu er sich bekannte. Aber es quälte ihn, daß er der Natur und seinem Herzen so nahe und seinem Körper so fern war. Klara, die Frau mit dem goldenen Herzen, machte sich zum Kelch aller Freuden und Leiden ihres Freundes. Sie trug sein Glück und ihr eigenes in ihrem Herzen vereint. Viele körperliche Gebrechen etrugen sie beide, Klara wie Franziskus,

Sexualität war einfach ein Brennpunkt, ein Ort der Spannung zwischen Körper und Seele. Solange Himmel und Erde ihre eigene Tagesordnung haben, sind Körper und Seele sich fern und konkurrieren miteinander. Für Franziskus und Klara bedeutete Heiligkeit nicht, den Körper zu bezwingen oder eine Art Friedenswettkampf gegen ihre Sexualität zu gewinnen. Heiligkeit bedeutet, die große Liebe zu kennen, und es war ihre Andacht und Hingabe, durch die sie sie kennenlernten. Normale Verliebte mit ihren Vorlieben und Abneigungen sitzen nicht still da und warten, daß die göttliche Liebe über sie kommt. Franziskus' und Klaras Liebe war keine gewöhnliche Liebe. Sie verströmten ihre Herzen in das Göttliche, in Christus und Maria, in die Erde und ihre Geschöpfe, in ihre

Gemeinschaft und in einander. Die kleinen getrennten Ströme der menschlichen Sexualität und Liebe wuchsen und vereinten sich zu einem brausenden Strom, der auf Gott in allen Wesen zueilte. Die ganze Erde und die Sterne badeten in ihrer Verehrung und Andacht. Gewiß war Spannung da, so wie Gewitter durch das Tal rollten. Aber die Spannungen der Natur wichen frischen Regenschauern. Franziskus fragte, warum es mit ihm anders sein sollte.

Klara schrieb Schwester Agnes von ihrer tiefsten Leidenschaft für Gott: *„Zieh mich zu Dir hin! Wir werden deinen zarten Düften nacheilen, o himmlischer Gemahl! Ich werde eilen und nicht müde werden, bis Du mich in den Weinkeller bringst, bis Deine linke Hand unter meinem Kopf liegt und deine Rechte mich glücklich umarmt und Du mich mit dem seligsten Kuß Deines Mundes küßt."* (Vierter Brief an die heilige Klara von Prag).

Der Wolf, die Diebe und der Sultan

In dem Maße, wie Franziskus Gottes Licht entdeckte, nahm er das tägliche Leben anders wahr. Wo normale Menschen Konflikte sahen, konnte er keinen Grund zum Streiten entdecken. Wo die meisten Menschen Angst hatten, sah Franziskus keinen Grund zur Furcht. Wo jeder sagte, das ist unser Feind, wußte Franziskus, daß es keine Feinde gab.

Die Leute von Gubbio wurden von einem bösen Wolf geplagt. Immer wieder lauerte ihnen der Wolf auf und griff sie an. Die Dörfler trauten sich nicht mehr aus ihrem Dorf heraus. Franziskus, geborgen in seinem Gebet, fürchtete sich nicht. Er wußte, daß jede Gefahr nur zum Tode führen konnte, was bedeutete, ganz und gar frei für den großen Frieden zu sein. Er versprach den Dorfleuten, sie von ihrer Angst zu befreien, und ging die verlassene Straße hinunter dem Wolf entgegen. Als er ihn erblickte, rief er ihm etwas zu. In Franziskus' Stimme war etwas, das den Wolf entwaffnete. Er hatte keinen Knüppel in der Hand und auch nicht im Herzen. Er hatte nur seine Liebe zu Gott, und die umfaßte auch Gott in diesem Tier. Er ging zu dem Wolf hin und streichelte ihn, wie ein Mann den besten Freund streichelt, seinen Hund. Der Wolf folgte Franziskus nach Gubbio und wurde zum Haustier des Dorfes.

Es gab einen Bergpaß, der wegen einer Bande von Straßenräubern nicht passierbar war. Niemand wagte sich in diese Gegend, niemand außer Franziskus und seinen Brüdern. Franziskus empfahl den Brüdern, den Räubern alles zu geben, was sie haben wollten, und sie aufzurufen, Buße zu tun und Gott zu folgen. Als Franziskus den Räubern ein paar Tage später begegnete, bat er sie, mit ihm zu machen, was sie wollten. Dann sagte er ihnen, sie sollten ihren Beruf aufgeben, sich ihnen anschließen und Minoriten-Bruder werden. Es berührte die Räuber tief, daß irgend jemand sie haben wollte. Einer von ihnen schloß sich den Brüdern an und wurde zum demütigen Bettler.

Dann gab es in Afrika einen Sultan, den Gegner Tausender von Kreuzfahrern, die sich ihren Weg nach Jerusalem erkämpften. Franziskus ging durch die Frontlinien, an den Kreuzfahrern vorbei ins Lager des Feindes. Er wollte den Sultan sehen. Die Mauren dachten, er müsse entweder verrückt sein oder ein Heiliger, daß er es wagte, sich ihnen unbewaffnet zu nähern, deshalb brachten sie ihn vor den Sultan. Franziskus verkündete, er werde ihn zum Christentum bekehren. Er forderte die Priester des Sultans heraus, sich mit ihm ins Feuer zu stellen; der Überlebende solle als Vertreter der wahren Religion anerkannt werden. Als die Priester sahen, daß er es ernst meinte, waren sie nicht sehr begeistert von seinem Angebot. Der Sultan war bewegt von Franziskus' Glauben. Er gab ihm einen Paß, mit dem er unbehelligt durch das Heilige Land und wo immer er hin wollte reisen konnte. So war er frei, dahin zu gehen, wohin die Kreuzfahrer nicht gelangen konnten. Seine Augen leuchteten. Der Glaube befreite ihn von den Sorgen dieser Welt.

Kapitel 8

Der frühe Morgen

Wenn der Tag aus der Dunkelheit hervorbrach, war Franziskus wach und bat darum, aus seiner eigenen Dunkelheit hervorbrechen und in Gottes Licht baden zu dürfen. Wenn die Sonne sich höher in den Himmel erhob, stieg auch das Bewußtsein dieses Tages in seiner Seele auf.

Franziskus wollte Gott, seinen Geliebten, während des Schlafes in der Nacht nicht aus den Augen verlieren. Es gefiel ihm nicht, wie unbewußt und weit entfernt ihm sein Herr in sinnlosen Träumen wurde. Vielleicht liefern Träume der Psyche ein gesundes Gleichgewicht. Für Franziskus jedoch wurden die Gebete des ganzen Tages, seine fast ständige Sehnsucht, das Göttliche zu umarmen, von dem psychischen Wirrwarr seines Bewußtseins bei Nacht allzu rasch verdrängt. Besser schlief er überhaupt nicht, wenn er dadurch Gottes Liebe und Frieden nahe bleiben konnte. Franziskus wunderte sich immer, wie schnell und wie weit das Bewußtsein sich von der wahren Süße des Lebens entfernen konnte. Er hatte Mitgefühl mit allen Menschen, die nicht nur im Schlaf unbewußt waren, sondern auch während des Tages, wo wahre Liebe ihr Herz hätte erfüllen können. Er betete darum, daß Gott sie immer näher zu sich ziehen möge. Aber wie sollen Menschen beten, die ihre Seele nicht kennen? Was soll Gott für sie behüten? Die Leute bitten Gott, den Hof, das Geld, den Ehepartner zu behüten, alles, nur nicht das, was wahr ist, ihre Seelen. Wie konnte Gott irgend etwas behüten, was vergänglich war? Nur das Ewige, die Seele, die Liebe, sind wahr und ewig.

Beim ersten Morgenlicht zwischen den Bäumen schickte Franziskus seine ersten Gedanken durch den inneren Wald zu Gott.

Das Leben währt nur eine Minute

Eines Morgens erwachte Franziskus nach einer langen, ruhelosen Nacht. Seine Träume waren erfüllt gewesen von der vergeblichen Suche in der Welt nach etwas, das diese Welt nicht bieten konnte – Gott. Er erwachte langsam, erinnerte sich an flüchtige Gefühle und Eindrücke der Nacht. Er hatte Alleen entlanggeschaut, steile Hügel erklommen, in einer kleinen Höhle Halt gemacht. Nichts, nichts, er konnte nichts finden. Als er aufstehen und seine Morgengebete verrichten wollte, hörte er in seinem Inneren eine deutliche Stimme sagen: „Das Leben währt nur eine Minute. Das Leben währt nur eine Minute." Immer wieder hallten die Worte in ihm nach. Sie klangen nicht wie eine Warnung, sie waren einfach die volle Wahrheit. Es war nicht seine Stimme, die da sprach, sondern eine Stimme von anderswo her – aus seiner Seele, vom Himmel? „Das Leben währt nur eine Minute." Franziskus erinnerte sich an seine Träume, an seine Probleme, seine Sehnsucht, seine Wünsche. Jetzt waren die täglichen Sorgen unwichtig. Das Leben währte nur eine Minute, und diese Minute lang wollte er nichts als *sein*, eins sein in diesem Augenblick der Ewigkeit.

Aber warum hörte er diese Stimme heute? War es ein Zeichen für ihn, seine letzten Gebete zu sprechen und sich bereit zu machen für die große Reise? Würde er heute seinen Körper ablegen und in den Himmel gehen?

Den ganzen Morgen über saß Franziskus mit geschlossenen Augen in der Stille und hielt sein Herz in den Händen. Nach der Mittagsmahlzeit überkam ihn die Müdigkeit der Nacht, in der er wenig geschlafen hatte. Er wollte sich nicht widersetzen und sagte sich: „Der Herr wird mich vielleicht in der Stille des Schlafes zu sich nehmen. Meine Gedanken sind nicht wichtig. Ich gehe gerne in den Himmel, wie auch immer Gott mich will." Bevor er es noch wußte, war er wieder wach, hungrig und voller Energie.

Franziskus aß still für sich und stahl sich dann aus dem Lager und fort von den Brüdern. „Ich will ganz allein mit meinem Herrn in die Ewigkeit gehen", dachte er. Er suchte eine alte Steinkirche auf, wo er dem Altar nahe sein konnte. Dort versenkte er sich tief ins Gebet und übergab alles Gott. Dann, gerade als er den letzten Gedankenfaden losließ, und mit ihm auch die letzten Verhaftungen an diese Welt, die er in seinem Herzen finden konnte, betrat eine Gruppe laut schwatzender Frauen mit Besen und Lappen die Kirche, um sie gründlich zu putzen. Eine von ihnen stolperte über Franziskus, den sie nicht bemerkt hatte. Franziskus erschrak und fing dann an zu lachen. „Das Leben währt nur eine Minute, aber die Ewigkeit will mich noch nicht ganz."

Der Himmel auf Erden

Die Stimme, die Franziskus gehört hatte, drängte ihn nicht zum Sterben, sondern dazu, intensiver zu leben. Der Himmel war hier. Franziskus wußte, er brauchte nur die Augen zu schließen und nach innen zu gehen, um die große Liebe zu fühlen, die in seinem Inneren auf ihn wartete.

Wenn er aus der Meditation auftauchte, war Franziskus nicht sicher, ob er seine Augen ein paar Minuten geschlossen hatte oder ob Stunden vergangen waren. Man weiß es kaum mit Sicherheit, weil oft sehr wenig Gedanken da sind. Er tauchte allmählich aus etwas auf, was wie der Grund des Ozeans zu sein schien. Immer wieder erlebte er das – daß er einfach auf dem Grunde des Ozeans saß und atmete. Das warme Wasser war grenzenlose Liebe. Ein riesiger Ozean des Friedens war unterschiedslos in ihm und außerhalb von ihm. Franziskus war geborgen, genoß die Ruhe und das Gefühl der Grenzenlosigkeit. Das Alltagsleben schien sehr fern, wie die Wellen des Ozeans weit, weit, irgendwo da oben. Von hier aus gesehen erschienen die Wellen des täglichen

Lebens, die persönliche Identität, die alle so ernst nahmen und als real betrachteten, ganz unwichtig. Vor ihm waren nur die warmen Ströme des Friedens. Franziskus wußte, dies war seine Seele. Er erinnerte sich an Gott. Er verschmolz mit dem All, war grenzenlos. Dies war sein Körper, sein wahrer Körper. Und nur ganz gelegentlich schwamm ein Gedanke vorbei wie ein Fisch, der näherkam, um ihn anzusehen, und dann mühelos wieder davonschwamm. Nach außen sah es so aus, als sei er ruhig, in der Stille, als ob er vielleicht schliefe. Er wußte, daß sein Verstand sich seinem Herzen ergeben hatte. Er war in Gottes Ozean. Nach einer Zeit, wer weiß wie lange, öffnete er die Augen und fühlte die Welt um sich herum. Wie kommt es, daß alle sich begrenzen und denken, das Leben sei getrennt und vergänglich wie eine Welle, wo wir doch der Ozean sind? Bevor er seinen Verstand wieder geschäftig werden ließ, schloß er die Augen, um das Erlebte nahe bei sich zu halten. Er war oft woanders, in der Meditation.

Franziskus spricht mit den Vögeln

Franziskus sah, daß er mit seinen Brüdern, der Natur und allen Geschöpfen Gottes zusammen in demselben Ozean lebte. Eines Tages gewahrte er in der Nähe von Spoleto einen großen Schwarm von Tauben und Krähen. Er lief zu ihnen, und sie flogen nicht auf. Voller Freude sprach Franziskus mit ihnen. *„Meine Brüder Vögel, ihr sollt immer euren Schöpfer preisen und lieben. Er hat euch in Federn gehüllt und euch Flügel zum Fliegen gegeben, und Er schenkte euch ein Reich von reiner Luft. Er sorgt auch für euch, ohne daß ihr euch sorgen müßt, obwohl ihr weder sät noch erntet."* (Celano erstes Leben, S.58) Die Vögel empfingen diese Worte mit gereckten Hälsen, sie schlugen mit den Flügeln und starrten ihn mit offenen Schnäbeln an.

Das harte Leben

Die Leute konnten nicht sehen, daß Franziskus während seiner Meditationen selig auf dem Grunde des Ozeans saß. Sie wußten nicht, daß er beim Gebet über schneeweiße Berggipfel in den Himmel stieg. Sie sahen sein tägliches Leben und den täglichen Kampf um Essen und Schutz vor Kälte und Wind.

Die Leute sahen, daß Franziskus sich nicht um die Härten des täglichen Lebens kümmerte. Sie wußten nicht, daß er einen schwierigeren Kampf ausfocht, entschlossen, seine Seele, Gott in seinem Inneren, zu ehren. Jeden Tag war er sorgsam bedacht, die Sanftheit der Liebe zu erhaschen, die sich in den emotionalen und körperlichen Stürmen verbergen mochte, welche das Lager der Brüder ebenso oft durchfegten wie das schreckliche Winterwetter. Für Franziskus war das äußere Leben leicht, verglichen mit den Stürmen des inneren Lebens, die zu überstehen waren.

Warum kamen nach einer friedvollenMeditation so leicht derart viele egoistische Gedanken hoch? Warum fand er so rasch Zorn oder Ungeduld an seiner Tür, nachdem er so stark die Herrlichkeit Gottes und sciner Schöpfung empfunden hatte? Warum fiel er nach einem heiteren Mahl mit seinen Brüdern in ein Loch quälender Unwürdigkeit? Wenn alle glücklich schienen, warum versank er dann immer tiefer in Gefühle der Undankbarkeit dafür, daß er eine Seele und all die gottgegebenen Segnungen hatte? Das war das harte Leben, seine Dankbarkeit dafür zu spüren, daß man Gott kannte. Wie soll man all den Segen gebührend würdigen, der kaum wahrgenommen wird, bevor der Verstand wieder etwas findet, das fehlt? Wie versöhnt man sich mit all der Liebe?

Das harte Leben ist der Schmerz im Herzen, nicht im Körper. Franziskus verstand nicht, warum das menschliche Herz so oft versagte, warum es Vergebung und Heilung fand, nur um gleich wieder zu versagen. Woher kommt diese Unfähigkeit, die Dankbarkeit zu spüren und auszudrücken? In dem Maße, wie der Schmerz seines Herzens wuchs, wurde Franziskus beinahe achtlos gegenüber körperlichen Schmerzen. Sie waren nur eine Ablenkung von den wahren Schwierigkeiten, dem wahren Ungemach. Trotz all der Tränen und des Lachens, trotz all der Jahre, die er Gott liebte, konnte er niemals ganz seine Dankbarkeit spüren. Er war sich sicher, daß deshalb die selbstsüchtigen Gedanken wie Zorn, Ungeduld und sogar Zweifel immer blieben.

Die Wunder der Höhle

Wenn die Brüder über Land zogen, merkten sie sich jede abgelegene Höhle, auf die sie stießen, und berichteten Franziskus davon. Sie wußten, daß er Höhlen liebte und Tage oder sogar Wochen fast ohne Essen ganz allein darin zubringen konnte. Franziskus liebte die Dunkelheit. „Es ist leicht, das Licht zu sehen, wenn die Sonne scheint und man gut zu essen und Freunde um sich hat", erklärte er. „Ich bin gern im Dunkeln. Wenn ich dann bete und die Winkel meines Herzens spüre und ein kleines Licht erblicke, dann weiß ich, es ist nicht bloß die Sonne oder ein gutes Gefühl. Wenn ich in der Höhle Licht oder Liebe finde, dann weiß ich, es ist meine Seele, mein Gott, der in mir lebendig ist."
„Aber es ist doch so dunkel?" wunderten sich die Brüder. „Das macht mir nichts aus", sagte Franziskus. „Mir tun all die Menschen viel mehr leid, die in der Dunkelheit leben und es nicht wissen. Wenn ich in der Höhle meinen Hunger und mein Alleinsein spüre, weiß ich wenigstens, wo ich bin. Und sobald ich Bruder Dunkelheit in die Arme schließe, kommt das Licht."
Wenn Franziskus aus einer Höhle herauskam, trug er oft eine Binde über den Augen. Das Licht seiner Seele war so stark, daß er kein weiteres Licht in seinen Körper lassen konnte.

Geld

Es war schwierig, die Welt zu fliehen und in irgendeiner Höhle oder auf irgendeinem Berge seiner Seele nachzujagen. Schwieriger war es jedoch, zurückzukehren und alle anderen dem Geld oder anderen falschen Göttern nachjagen zu sehen.

Franziskus verbot seinen Brüdern strikt, Geld zu besitzen oder mit sich zu führen. Er verstand nicht, warum die Welt etwas so Wertlosem einen Wert verleihen wollte. Nur Liebe ist von Bedeutung und des Festhaltens wert. Und selbst die Liebe muß verschenkt werden. Franziskus konnte verstehen, wenn ein Bruder an einer schönen Vision festhalten und sie vielleicht nicht mitteilen wollte. Er konnte verstehen, daß ein Bruder die Wunder und Segnungen zählte, die er empfangen hatte. Er fand es in Ordnung, wenn ein Bruder allein in seiner Höhle blieb und sich bis zum Überfließen mit Gottes Frieden füllte. All diese Dinge unterstützte er bei den Brüdern, auch wenn er wußte, daß es nicht gut war, an irgend etwas festzuhalten, weil Gott immer neu und frisch in die Herzen einziehen will. Aber Geld! Wie konnte irgend jemand so etwas wollen? Geld war in sich selbst nur lästig und uninteressant. Es spricht das Gierigste in allen Wesen an. Die Tiere, die Blumen leben sehr gut ohne Geld. Wenn wir nach Gottes Bild gemacht sind, sollten besonders wir nur einfach *sein*...

Was die Leute sahen

Als es sich herumsprach, welch ein Licht und welche Freude von Franziskus ausging, redeten die Leute endlos über alles, was ihnen an ihm auffiel. Sie sahen natürlich seine zerlumpte Kleidung. Viele sahen ihn, wenn er den Leprakranken Essen brachte oder in die Luft sprach – oder sprach er mit den Vögeln? Andere sahen ihn auf Krankenbesuchen in den ärmsten Vierteln der Stadt und bei

Reichen, die ihn in ihre Schlösser einluden. Sie sahen ihn auf dem Boden knien und die Erde anstarren. Man sah ihn auf der Straße stehen, die Arme erhoben und den Blick nach oben gerichtet, als wolle er sagen: „O mein Gott, o mein Gott!" Alles, was von ihm bekannt wurde, alle Gerüchte, alle Berichte von Wundern, die um ihn geschahen, konnten nicht annähernd erfassen, was er in seinem Herzen erlebte.

Eine alte Frau, von der es hieß, sie hätte Visionen und Träume, war eine der wenigen, die ihn verstanden. Sie sagte, sie sehe Franziskus mit flammender Brust. Das Feuer sei so groß, daß niemand es je löschen könne. Dann breiteten sich die Flammen über seine Arme und Beine aus, bis der ganze Körper vor Liebe brenne. Dann, sagte sie, kämen große Engel, tauchten in die Flammen ein und flögen plötzlich wieder davon, mit Juwelen und kleinen Schätzen in den Händen. Mehr und mehr Engel kämen und flögen weg, zu Seelen überall auf der Erde, zu Seelen in anderen Dimensionen, Seelen, die nach Gottes Liebe schrien.

Ein einfaches Gebet

Während dieser Zeit hatte Franziskus ständig ein einfaches Gebet auf den Lippen:

> *Herr, mache mich zum Werkzeug Deines Friedens,*
> *daß ich Liebe bringe, wo man sich haßt,*
> *daß ich Versöhnung bringe, wo man sich kränkt,*
> *daß ich Einigkeit bringe, wo Zwietracht ist,*
> *daß ich Glauben bringe, wo Zweifel quält,*
> *daß ich Wahrheit bringe, wo Irrtum herrscht,*
> *daß ich Hoffnung bringe, wo Verzweiflung droht,*
> *daß ich die Freude bringe, wo Traurigkeit ist,*
> *daß ich das Licht bringe, wo Finsternis waltet,*

*O göttlicher Meister, hilf mir, daß ich nicht danach verlange,
getröstet zu werden, sondern zu trösten,
verstanden zu werden, sondern zu verstehen,
geliebt zu werden, sondern zu lieben.
Denn wer gibt, der empfängt,
wer verzeiht, dem wird verziehen,
wer stirbt, der wird zum ewigen Leben geboren."*

Gebet, das Franziskus zugeschrieben wird.

Nur um der Hostie nahe zu sein

Franziskus ging oft zu einer kleinen Kapelle nicht weit vom Lager der Brüder, um dort allein zu sein. Er wollte der Hostie, dem Körper Christi, nahe sein. Wenn er dort saß und wußte, daß die Hostie in der Nähe war, fand er die Gesellschaft und das Verständnis, nach dem er sich tiefinnerlich sehnte. Er wußte, hier war er nicht allein. Das Leben hatte einen Sinn. Die Gegenwart der Hostie erinnerte ihn an den Frieden, der immer in seiner Reichweite war. Franziskus konnte immer ruhiger meditieren und beten, wenn er wußte, daß sein Freund Jesus Christus ihm nahe war. Das waren für ihn nicht nur ein Bild oder schöne Worte. Jesus Christus war ihm in der Hostie vollkommen gegenwärtig. Alles mögliche wurde in seinem Herzen aufgerührt, wenn er der reinsten Gegenwart nahe war. Alle Gefühle, die in früheren Tagen aufgestiegen waren, wurden wieder wach. Seine Ungeduld, sein Urteilen über andere, seine Selbstkritik, alles scheinbar Unreine in ihm trat klar zutage. Kaum hatte er ein paar Minuten in der Gegenwart der Hostie geweilt, schon spürte er, wie geschäftig er geworden war und wie sehr die Welt von ihm Besitz ergriffen hatte. Er blieb Stunden in der Kirche und fühlte angesichts des reinen Herzens Gottes alles, was in seinem Herzen war. Die große

Vergebung, die er am Altar spürte, ließ es deutlicher hervortreten. Mit der Zeit fühlte sich alles in ihm geborgen und angenommen. Es gab keinen Ort, an dem er lieber war.

Manchmal war sein Herr der Friede, der ihn wie eine große Woge überrollte. Manchmal brandete der Friede an seinen inneren Strand. Er gemahnte ihn sanft, alles zu übergeben. Keine Gedanken, keine Pläne, keine Gefühle konnten dieser wahren Gegenwart lange standhalten. Franziskus spürte diese Einladung, seinen älteren Bruder neben sich zu spüren. Eine leere Kirche – nur die Hostie und Franziskus darin – und er wußte für eine Weile, wo er war und wer er war. Er war zu Hause, in seiner Familie. Er war Gottes Kind, sicher und geborgen.

Die Brüder hatten diese Kapelle im Herzen ihrer Gemeinschaft „Heilige Maria von den Engeln" genannt, wegen all der Engel und all der Liebe der Heiligen Mutter, die sie in ihr gefunden hatten. Eines Tages kam Franziskus ganz blaß aus dieser Kirche heraus. Gewiß hatte er in einem spektakulären Licht gebadet. Er konnte nichts sagen als: „Jedes Gebet wird gehört, jedes Gebet wird gehört, jedes Gebet wird gehört." Die Brüder wußten, daß er recht hatte. In ihrer kleinen Kapelle wurde in der Tat jedes Gebet gehört. Der Papst zögerte jedoch, als er von Franziskus' Vision hörte, und sagte: „Die Kirche wird erklären, daß an einem Tag des Jahres in der kleinen Kapelle der Minoriten jedes Gebet gehört wird." Wie sollte die Kirche Ordnung halten, wenn die Leute wirklich begriffen, daß jedes Gebet jeden Tag von den Engeln und der Heiligen Mutter direkt zu Gott gehoben wird?

Kapitel 9

Die Heilige Mutter

Wie viele Mystiker und Heilige glaubte Franziskus, daß Gott die Welt liebt wie eine Mutter ihr Kind. Die Madonna mit dem Kinde sagt ebensoviel darüber aus, wie sehr Gott uns liebt und für uns sorgt, wie das Kreuz. In seinem Wissen um Gott als der vollkommenen Mutter bettelte Franziskus oft am Brunnen des Hauptplatzes in Assisi und traf sich mit allen, die dorthin kamen. Wann immer er jemanden fand, der ihm zuhören wollte, predigte er gerne. Eines seiner liebsten Themen war seine Liebe zur Heiligen Mutter.

„Während ihr so wenig oder gar keine Liebe in eurem Leben spürt, bin ich in den Armen der Heiligen Mutter", begann er. „Während ihr es aufgebt, Liebe zu finden oder sie vermißt und euch danach sehnt, finde ich sie direkt, wenn ich ihren Frieden spüre und jeden Tag merke, wie sie für mich sorgt. Warum streitet ihr mit euren Ehepartnern, warum versucht ihr, eure Kinder zu beherrschen oder sucht Liebe in Reichtümern, die euch wirklich nicht reich machen? Warum da nach Liebe suchen, wo es so wenig Liebe gibt, wo doch die Heilige Mutter uns so viel schenkt? Die Heilige Mutter liebt uns wie jede Mutter trotz all unserer Wünsche und all unseres Versagens. Hört auf, um Liebe zu kämpfen, und spürt statt dessen, daß sie da ist!" Er hielt inne. In der plötzlichen Stille spürte jeder den Frieden, von dem er gesprochen hatte.

Er zog einen Bettler zu sich und sprach weiter zu der erwartungsvollen Menge, die sich versammelt hatte. „Jeder findet Augenblicke dieser besonderen Liebe mit einem Partner oder einem Kind, in der Natur oder am Altar. Aber was wird aus diesen Augenblicken? Die süßen Momente des Lebens gehen rasch vorbei und werden Erinnerung. Augenblicke und Erinnerungen sind mir nicht genug!"

„Das Leben ist zu wunderbar, um von Erinnerungen zu leben oder von einer besseren Zukunft zu träumen. Wie könnt ihr euer Herz in diesen kleinen Käfig sperren, den ihr Alltag nennt und in dem es keinen Platz und keine Zeit für die Seele gibt? Wie könnt ihr leben, als hättet ihr keine Seele? Die Heilige Mutter hat Jesus Christus geboren, und sie bringt die vollkommene Liebe im Innern eines jeden von uns zur Welt." Franziskus sprach so zärtlich und erregt, daß es keinen Zweifel geben konnte, daß die Heilige Mutter wirklich und gegenwärtig war und ihn und jeden berührte, der in seinem Herzen einen weichen Fleck hatte.

Wenn Franziskus von Maria sprach, klang seine Stimme, als kenne er sie persönlich. Die Leute auf dem Platze wußten natürlich nicht, daß er sich dabei an ihren Besuch erinnerte, als er einmal allein und tief ins Gebet versunken hoch in den Bergen gewesen war. Es war in einer kleinen Kapelle. Eine einfache Holzfigur der Heiligen Mutter stand auf dem steinernen Altar. Franziskus lag auf den Knien und flehte: „Bitte lehre mich, dich zu lieben. Bitte lehre mich, dich zu lieben." Plötzlich stand sie vor seinen Augen inmitten der Lilien auf dem Altar. Sie war es! Sie war da, wirklich und wunderschön. Sie lächelte in ihrem blauen Schleier über dem langen Haar. Franziskus konnte es nicht glauben, und doch war es so. Sie stand einen halben Meter von ihm entfernt. Maria sah ihn an! Ohne daß ein Wort gesprochen wurde, wußte Franziskus, daß sie seine tiefste Sehnsucht kannte. Ihre Hand winkte ihn näher, doch er konnte sich nicht rühren. Komm näher! Sie rief seine Seele zu sich. Mit beiden Händen winkte sie ihm näherzukommen. Er wollte es von ganzem Herzen, aber er wußte nicht wie. Er brach nur zusammen und weinte. „Bitte lehre mich, dich zu lieben!" Dann war sie ebenso rasch wieder verschwunden.

Ein paar Monate später ritt Franziskus auf einem Esel. Er konnte wegen eines seiner vielen Leiden nicht zu Fuß gehen. Während er so ritt, dachte er an die Heilige Mutter auf ihrem Esel, wie sie allein dahinritt auf ihrem Weg zu dem Ort, wo sie die reine Liebe gebären sollte, während die Welt zu beschäftigt war, um ihr zu helfen. Er wollte so gerne jetzt für sie da sein. Ihr Auftrag, den Frieden in die Welt zu bringen, bestand noch immer.

An diesem Abend im Lager sprach er mit Bruder Leo von seinen Gefühlen und begann zu weinen. Er sehnte sich so sehr danach, der Heiligen Mutter bei ihrer Geburt des Friedens zu helfen, daß es ihn in diesem Augenblick überwältigte. Sein Leben mußte irgendeinen Sinn haben. Was für einen Sinn konnte es geben als den, zu helfen, wahren Frieden in die Welt zu bringen? Franziskus weinte. Er wollte Maria jetzt in der Welt helfen, Christus zu gebären! Als Bruder Leo ihn in die Arme nahm, rollte Franziskus sich zusammen und weinte wie ein kleines Kind. Ein paar Augenblicke später befand er sich in einem dunklen Tunnel. Er wußte nicht, wo er war, bis er zur Seite blickte und neben sich ein goldenes Kind sah. Er wußte sofort, daß es das Christuskind war. Das Kind war reines Gold, und das Licht in seiner Reinheit fuhr mitten in ihn hinein. Er weinte lauter, denn so nahe bei all diesem Lichte spürte er seine eigene Dunkelheit. Irgendwie wußte er, die Heilige Mutter in ihrer Liebe hatte ihn in ihren Leib aufgenommen. Sie teilte die goldene Gegenwart ihres Kindes mit ihm. Noch immer in Bruder Leos Armen liegend, sah Franziskus in die durchdringenden Augen des goldenen Kindes, in die Augen der Ewigkeit. Jeder Augenblick war rein, war golden. Die ganze Nacht hindurch weinte Franziskus, während Bruder Leo ihn eng umschlungen hielt. Endlose, wunderbare Stunden lang hielt ihn die Heilige Mutter in ihrem Leib dicht bei dem göttlichen Kinde. Irgendwann in der Nacht begann es zu schneien. Beim ersten Morgenlicht war Franziskus von weißem Licht umgeben. Der Schnee war endlos, er bedeckte die ganze Welt. Franziskus ging hinaus und lag in der reinen weißen Weichheit. Er wußte, daß ihr Friede die Welt bedeckte. Er verstand seine Aufgabe. „Ich soll die Welt an Gottes Gegenwart erinnern."

Maria war von da an sehr real für ihn. Sie war allgegenwärtig. Er fand sie in dem Mahl, das ihm gereicht wurde. Sie war die vielen Sterne in der Nacht, die er um sich zog wie ein warme Decke. Er fand ihre Gegenwart überall im Lager, wenn die Brüder einander trösteten und halfen. Sie war die geduldige, gebende Liebe, stark im Glauben und unendlich trostvoll. Jeder Tag war eine Leinwand voll ihrer Pinselstriche, während die Gemeinschaft zur Mutter für alle wurde.

Franziskus spürte, wie sehr er Liebe brauchte, besonders die Liebe Gottes als Mutter. Die Mutter brauchte Franziskus, um der Welt die sanfte Gegenwart ihres Sohnes bekannt zu machen.

Franziskus' inneres Leben in seiner riesigen Weite zog immer neue Brüder herbei. Unablässig strömten sie herbei, um sich ihm anzuschließen. Die Liebe sagte alles. Mit jedem neuen Tag wurden das Bedauern um gestern und die Sorgen um morgen losgelassen. „Lebt heute", sagte Franziskus unablässig. „alles, was wir brauchen, wird uns gegeben. Findet Gott, wie ein Kind Vater und Mutter findet. Die Liebe und alles, was uns jeden Tag geschenkt wird, beweisen, daß Gott existiert." Er wurde sich bewußt, wie abhängig er von Gottes Liebe und Gnade war. Manchmal machte ihm das Angst. Wie die meisten Leute leben konnten, als seien sie unabhängig, als gäbe es keinen Gott, keinen himmlischen Vater, keine göttliche Mutter, das verstand er nicht. In ihren Gesichtern sah er die Angst vor der Verletzlichkeit des Lebens. Wenn sie in Schwierigkeiten gerieten, kam auch die Panik, und ihr Herz wurde noch bitterer und kälter. „In jeder Schwierigkeit ist uns die Heilige Mutter am nächsten," erklärte Franziskus den neuen Brüdern. Aber wie soll man anderen das erklären? Wie konnte er es ihnen so erklären, daß sie die Nacktheit willkommen hießen und ihre Umarmung spürten? „Heißt das Leben willkommen! Habt keine Angst davor, wie nackt ihr euch fühlt", sagte er. Die Leute sahen aber nur Franziskus, der kaum einen Fetzen an seinem mageren Körper trug. Sie sahen seine in Seligkeit erhobene Seele nicht. Sie sahen sein Herz nicht, das in den Armen der heiligen Mutter ruhte wie ein Kind, glücklich und geborgen. Sie verstanden Marias Liebe nicht und wie sie Franziskus zu ihrem Sohn, zu Jesus Christus führte.

Das Verhalten des Heiligen

Nach seinen Predigten, wenn alle gegangen waren, blieb Franziskus gern mit den Obdachlosen und den Kindern zurück, die noch mehr von seinen Geschichten hören wollten. Die Kinder und die Bettler hörten gerne zu, wenn er von der himmlischen Liebe sprach. „Die Engel verteidigen alle Unschuldigen, die Armen, die Kranken und natürlich die Kinder", sagte er ihnen. „Und es gibt häßliche, hungrige Teufel, die um die Seelen kämpfen. Die Teufel haben statt der Hände Klauen und Schuppen am ganzen Körper. Sie halten immer nach gierigen oder wütenden Leuten Ausschau, um sie in ihr Reich zu schleppen, das natürlich überhaupt kein Reich ist. Es gibt nur *ein* Königreich, und das ist das Reich des Lichtes, des großen Lichtes! Die Teufel können wirklich nichts ausrichten gegen solches Licht..." Bei Franziskus endete der Kampf um die Seelen immer mit dem Sieg.

Während er seine Geschichten erzählte, wusch Franziskus den Bettlern und den Kindern die Hände und Gesichter mit dem Wasser aus dem Brunnen. Jedes Gesicht war wie ein Fenster zu den Engeln im Himmel, wenn er in ihre hoffnungsfrohen Augen sah. Wenn er ihre Hände wusch, waren diese Hände nicht mehr Haut und Knochen, sondern Seelen, erfüllt von Gottes Herrlichkeit. Wenn er ihre Hände in den seinen hielt, hatten sich zwei Seelen verbunden. Himmel und Erde waren zumindest in diesem Augenblick nicht mehr getrennt. Es war etwas Größeres da. In der Nacktheit des Augenblicks segnete Christus Franziskus und die anderen. Das Wasser erinnerte sie an ihre ursprüngliche Unschuld.

Für die Leute in der Stadt war es, als sähen sie die Geschichten des Evangeliums vor sich. Franziskus war Christus, der die Wunden wegwusch, der am lebendigen Brunnen stand und seinen Jüngern, in der Verkleidung der Armen und Unschuldigen, die Füße wusch. Er war Johannes der Täufer, der mit dem Wasser segnete und alle ermahnte, Buße zu tun, ihre Selbstsucht aufzugeben und sich an dem Leben zu freuen, das ihnen geschenkt war.

Oft wunderten sich die Brüder jedoch später, wenn der Tag sich dem Ende zuneigte, daß Franziskus, nachdem er viele Seelen für Gott gewonnen hatte, seltsam niedergeschlagen ins Lager zurückkehrte. Während die meisten Leute von ihm erwarteten, daß er immer rein und heilig sei, fanden die Brüder in ihm oft einen Mann voller Selbstverachtung. Es war, als ob eine schwarze Wolke ihn ohne erkennbaren Grund umgeben hätte. Er ging unbarmherzig mit sich ins Gericht. Die Brüder wußten nicht, ob sie sich daraufhin für ihre eigenen Fehler weniger schuldig fühlen oder sich Franziskus in seiner Selbstverdammung anschließen sollten. Franziskus vergrub sich, wenn er all seine vielen inneren Widersprüche sah. Manche der Brüder fühlten sich besser mit ihren eigenen Schwierigkeiten, während andere sich wie er einer tiefen Selbstprüfung unterzogen.

Franziskus war sich seines Egoismus' ständig bewußt. Er war ungeduldig mit seiner Bedürftigkeit, wütend über seine Undankbarkeit, und eifersüchtig bewachte er den Frieden seiner Seele, der ihm so oft entschlüpfte, wenn sich sein Verstand an unbedeutende Probleme klammerte. Franziskus war dickköpfig in seinem Glauben. Diese Dickköpfigkeit schien ein Ausdruck seiner Hingabe zu sein. Sie war jedoch auch selbstzerstörerisch, wenn das Leben mit den Brüdern sich nicht so entfaltete, wie er es für richtig hielt. Er kämpfte gegen seinen Körper und machte sich über seine natürlichen Bedürfnisse lustig, als ob sie etwas Unnatürliches wären.

Man kann sich fragen, wie ein solcher Mann so heilig werden konnte. Franziskus hätte geantwortet: „Gott hat mir ein wenig Erfahrung mit Heiligkeit geschenkt, weil ich so genau weiß, wie menschlich ich bin." Je kritischer er mit sich selber war, um so mitfühlender wurde er mit anderen. Je ungeduldiger er mit sich selbst war, um so respektvoller ging er mit anderen um. Je mehr Dunkelheit er in sich selber fand, desto mehr Licht konnte er ganz leicht in denen sehen, die ihn umgaben. Franziskus nannte sich nicht einmal einen Menschen. Ein Mensch ist nach Gottes Bild gemacht. Er nannte sich lieber einen Wurm, ein Geschöpf, das gerade erst anfing, etwas zu erkennen und Gottes wunderbaren Garten zu entdecken.

Franziskus war ein Heiliger, der wußte, daß er aus der Erde kam und wieder zu Erde werden würde. Er war ein Heiliger, der nicht so tun konnte, als ob er etwas sei, der in der Tat nichts und paradoxerweise Gottes wunderbares Geschöpf war. Er nannte sich einen Wurm, ein kleines Geschöpf, das versuchte, seinen Weg auf der Erde zu finden. Ein Wurm, so dachte er gerne, hat keine Gelegenheit, sich selbst zu wichtig zu nehmen. Ein Wurm dient den Fischen als Futter. Die ersten Christen wurden Fische genannt. Also konnte Franziskus vielleicht seinen Sinn darin finden, sich selbst für den Magen der Christenheit hinzugeben.

Er war sich ganz klar darüber, daß die wirklichen Heiligen die waren, die kein Zuhause und wenig zu essen hatten. Die wahren Heiligen waren die Menschen, die er täglich traf, die an schrecklichen Krankheiten litten und keinen Trost finden konnten, die, die alleine starben und Gott nicht kannten. Sie waren die Heiligen. Die armen Seelen auf der schwersten Lebensreise, die Seelen, die niemand kennt und von denen niemand je gehört hat, sie waren die echten Heiligen. Franziskus konnte seinen Nöten entkommen. Er hatte die Gnade empfangen, die kleinen Stellen in seinem Herzen kennenzulernen, wo Gott immer wohnt. Außerdem hatte er seine Brüder. Wie konnte er sich einbilden, geprüft oder etwas Besonderes zu sein bei all der Aufmerksamkeit und all dem Mitgefühl, mit denen er von seiner Gemeinschaft überhäuft wurde? Auch die liebevollste Familie kennt diese ganz besondere Liebe von Bruder zu Bruder nicht, die gern gibt, ohne etwas zurückzuerwarten. Franziskus war verwöhnt von Liebe aller Art, die aus allen Richtungen kam. Wenn er sich in der Welt einsam fühlte, wurde sein Herz oft von einem vorüberfliegenden Engel berührt. Wenn es ihm schlecht ging, war ein Bruder in der Nähe, der ihn tröstete.

Bei all dieser Liebe wollte Franziskus nichts davon hören, daß er ein Heiliger sei. Es stimmte einfach nicht und war eine Beleidigung für die wahren Heiligen, die tapfer lebten, nicht gesehen, nicht gehört und nicht wahrgenommen und vor allem nicht dafür anerkannt wurden, daß sie wunderschöne Menschen waren.

Die Heiligkeit der Brüder

Wenn Franziskus Gottes Allgegenwart betrachtete, mußte er seine Menschlichkeit annehmen. Die Heiligkeit folgte darauf ganz von selbst. Genauso ging es auch den Brüdern. Wenn sie Frieden schlossen mit ihrem gewöhnlichen Selbst, dann tauchten sie beschenkt mit vielen Eigenschaften der göttlichen Liebe aus der Meditation auf. Bruder Giles hatte viele Visionen des Himmels. Bruder Philip Lungo schwor, daß ein Engel seine Lippen berührt habe. Bruder Sylvester sprach mit Gott wie einst Moses. Bruder Bernhard hatte die Gabe, Schriften an genau der Stelle zu öffnen, die er brauchte, um etwas zu belegen. Bruder Rufino schien im Wachen und im Schlafen immer zu beten, immer auf Gott konzentriert zu sein. Bruder Juniper hatte einen Zustand vollkommener

Geduld erreicht. Bruder Lucidus verweilte nirgendwo länger als einen Monat: wenn er anfing, einen Ort gernzuhaben, verließ er ihn augenblicklich mit den Worten, daß unser Heim nicht hier, sondern im Himmel sei. In dem Maße, wie die Brüder ihre Liebe über Gott ausschütteten, begannen ihre Seelen zu leuchten. Ihr Leben konnte nichts anderes werden als heilig.

Kapitel 10

Der Segen großer Schwierigkeiten

Durch Franziskus' Beispiel lernten die Brüder, daß schwere Zeiten nicht ihr Feind waren, sondern einfach ein anderer Teil des Lebens, dem man sich öffnen und aus dem man Nutzen ziehen und etwas lernen konnte. Viele der Dorfleute und Kirchenbeamten glaubten, die Brüder hätten den Weg des Leidens als ihren Weg zu Gott gewählt, aber die Brüder wußten, daß genau das Gegenteil der Fall war. Ihr Leben war ein Leben der Freude, einschließlich der Freude, die man inmitten von Herausforderungen und Schwierigkeiten finden kann.

Sie wußten aus Erfahrung, daß Schwierigkeiten manchmal nur bedeuteten, daß das Ich der Realität der Seele Platz machte. Bald würde eine neue Freiheit erreicht sein. Ob man viel oder wenig Schmerz erlebt, hängt davon ab, ob die Angst vorherrscht oder ob das Herz von Gottes Liebe erfüllt ist.

Klara schrieb über solche Augenblicke: *"Unsere Mühsal hier ist kurz, aber der Lohn ist ewig. Laß dich vom Geschrei der Welt, das vorübergeht wie ein Schatten, nicht aus der Ruhe bringen. Laß dich nicht vom falschen Vergnügen einer täuschenden Welt verwirren. Verschließe die Ohren vor den Einflüsterungen der Hölle und widerstehe tapfer ihren Anstürmen. Nimm fröhlich alles auf dich, was sich dir entgegenstellt, und laß dich von Glücksfällen nicht erheben, denn das eine zerstört den Glauben, während das andere ihn fördert. Erfülle treulich, was du Gott gelobt hast, und Er wird dich belohnen."* (Brief Klaras an Ermentrude von Brügge)

Es gab kein Patentrezept für die Lasten des Lebens. Die Brüder behandelten einander mit der Achtung, die sie sich auch für sich selber wünschten. Franziskus und Klara zeigten ihnen, daß es nicht darum ging, seinen eigenen Willen durchzusetzen, sondern nach Gottes Willen zu trachten und mit wachen Sinnen Ausschau zu halten nach der Liebe. Es wurde ihnen scheinbar alles genommen, während ihnen alles Notwendige auch auf geheimnisvolle Weise gegeben wurde. Anstatt von den Wogen des Alltags hin und her geworfen zu werden, tauchten die Brüder und Schwestern tief in ihr Inneres ein und lebten in dem immer gegenwärtigen Ozean, der alles enthält.

Für Franziskus bedeutete das tägliche Leben, daß er die Zartheit seines Körpers akzeptieren mußte. Er konnte seine körperlichen Schwächen nur als Teil des göttlichen Planes betrachten, der ihm half, seine Seele zu finden. Von Jugend an hatte sein Körper ihm oft den Dienst versagt. Auf der Reise zu seiner Seele machte ihn das Auf und Ab des Lebens in seinen Adern empfindsamer für den Herzschlag Gottes in seinem Inneren. Wenn er eine Krankheit nach der anderen durchgemacht hatte, konnten die Brüder die Organe und Knochen in seinem Körper zählen. Franziskus tröstete sich damit, es seinem Bruder und Herrn, Jesus Christus, nachzutun. Er konnte das Leben nicht als selbstverständlich betrachten. Wenn sein Körper schmerzvoll aufschrie, verglich er die Qual gern mit den Kirchenglocken, die ihn an die Ewigkeit erinnerten. Er sagte den Brüdern, es sei normal, immer wieder schwierige Zeiten zu durchleben. Wichtig sei nur, wie wir mit unseren Schwierigkeiten umgingen. Gott in diesen Schwierigkeiten zu lieben und sein Herz völlig hinzugeben mache wahrhaft frei. Anstatt sich zu wünschen, daß diese Zeiten vorbeigingen, wußten die Brüder, daß besonderer Segen sie erwartete, wenn sie das Leben aus vollem Herzen liebten, wenn es ihnen gerade am schwersten fiel.

Der Altar

Es machte Franziskus traurig, wie viele Menschen das Gefühl für die Heiligkeit verloren hatten. Der Altar war zu einem rein zeremoniellen Ort geworden; er war nicht länger ein Ort, wo Jesus, die Engel, die Propheten und Jünger, wo Gott als wirkliche Gegenwart gefeiert wurden. Franziskus sah, daß die Menschen, wenn sie den Glauben an das Heilige verloren, nicht mehr mit ihrem wahren Selbst in Berührung waren. In einem Leben ohne Heiligkeit wandern die Seelen schutzlos umher, ohne einen Ort, den sie ihr Zuhause nennen können.

Franziskus errichtete beinahe überall, wo er sich aufhielt, kleine Altäre. Selbst wenn er nur zwei Stöcke in Form eines Kreuzes auf die Erde legte und ein paar Blumen dazu – es war ein Altar, der die Brüder erinnerte: „Gott ist hier." Seine spontanen Altäre erinnerten ständig daran: „Das Leben ist heilig." Er ermunterte die Brüder, einen Altar bei ihrem Lager zu haben. Die Brüder legten oft in der Mitte ihres Kreises vor dem Essen einen Altar an. „Jeder Altar", sagte ihnen Franziskus, „ganz gleich wie einfach, ist ein Fenster zum Himmel, zu allen Engeln, zu den Heiligen und den Heerscharen der Liebe."

Die Messe

„Die Messe ist die Zeit, wo wir das Alltagsleben beiseite lassen und unsere Seele spüren", sagte Franziskus den Brüdern. „Am Altar können wir unsere Probleme hinter uns lassen und Gott unser Herz öffnen. Die Messe ist unser sicherer Ort, ein Zufluchtsort für die Seele", erklärte er. „Die Messe schenkt uns die wahre Geborgenheit, die größer ist als jede Sicherheit, die die Welt zu bieten hat. Jede Messe umfaßt fünf Mysterien, in denen wir unsere Seele und die große Liebe, die in uns ist, entdecken können."

„Das erste Mysterium liegt in der Lesung des Alten Testaments. Wenn wir die Geschichten der alten Hebräer hören, wie sie in die Irre gingen und wieder zu Gott heimkehrten, dann können wir unseren eigenen Weg spüren, wie wir in die Irre gehen und wieder zu unserer Hingabe an Gott zurückfinden. Alle die Generationen, die nach einem wahren Leben gestrebt haben, sind in der Messe gegenwärtig, wenn die Geschichten der Propheten, Abrahams und Moses' immer wieder gelesen werden. Die Messe erinnert uns daran, daß wir nicht allein sind. Die Propheten und die ganze Geschichte des Volkes Gottes begleiten uns." Die Brüder hörten in Franziskus' Stimme ein Wissen, als ob er aus innerer Gewißheit spräche. Hatte Gott ihm diese Mysterien persönlich enthüllt? „Die Besten der alten Propheten und Lehrer sind in uns", fuhr Franziskus fort. „Sie sind unsere Vorfahren. Sie bieten uns ihre Kraft und Weisheit an." Die Brüder versuchten, sich die Hoffnungen und Gebete all jener Generationen in ihrem Inneren vorzustellen. „Eure Knochen sind die Knochen der Propheten. Heute sind wir das Volk Gottes", sagte Franziskus beharrlich. „Die heilige Reise zurück zum Himmel ist auch unsere Reise. Die Geheimnisse, die heiligen Schritte werden uns in jeder Messe gegeben." Allmählich verstanden die Brüder, was er sagte. Sie waren mehr als eine kleine Gruppe von betenden Brüdern. Sie waren die jetzige Generation des Volkes Gottes. Sie erinnerten sich für alle, für alle Seelen an das wahre Leben, das Leben der Ewigkeit. Dieses Mysterium sprach ihnen von der Hingabe und der inneren Unterstützung, mit deren Hilfe sie die täglichen Herausforderungen bestehen konnten.

„In der Lesung des Neuen Testamentes liegt das zweite Mysterium", fuhr Franziskus fort. „Wenn wir die Worte unseres Herrn hören, gib es nur eine Frage, die, ob wir bereit sind, Seine Liebe zu spüren." Franziskus schaute um sich, als wolle er jeden einzelnen von ihnen fragen: Bist du offen für Seine Liebe? „Das Neue Testament handelt Geschichte um Geschichte von Menschen, die

Gottes Gegenwart spürten, und von anderen, die statt dessen um die Überlieferungen und Gesetze besorgt waren. Der Weg zu Gott ist mehr, als den Überlieferungen und Gesetzen treu zu sein; er ruft uns auf, bereit zu sein. Sind wir wach und bereit, Gottes Liebe zu spüren?" Das Neue Testament ist der reine Geist der Vergebung. Franziskus fragte: „Seid ihr in jeder Messe offen für die Süße des Herrn? Ganz gewöhnliche Leute, die Kranken, die Demütigen, die, die glaubten, spürten sie. Jede Lesung fragt uns, ob wir bereit und offen sind für Gottes Liebe?"

Während dieser Augenblicke der Messe weinten immer ein oder mehrere Brüder, weil sie nie gegenwärtig genug sein konnten. Ein anderer Bruder saß am liebsten ganz hinten in der Kirche. Er fürchtete sich davor, was geschehen würde, wenn er sich wirklich der Liebe öffnete. Wohin dann mit all seinen Tränen? Andere Brüder saßen dicht beieinander, stützten einander in ihrer Nacktheit vor dem Herrn. Die Lesung des Neuen Testaments war in jeder Messe eine Herausforderung für jedes Herz. „Christ zu sein bedeutet, empfangen zu können," schien Franziskus allen durch seine schlichte Gegenwart zu sagen. Die Stille war übervoll von Gnade.

„Das dritte Mysterium der Messe liegt in der Vorbereitung auf die Gaben," erläuterte Franziskus den Brüdern. „Der Priester bereitet das Brot, hält es hoch und verkündet: 'Dies ist der Leib unseres Herrn, der uns frei gegeben wird.' Das ist das Mysterium Christi, der sich selbst darbringt, der jetzt, in diesem Augenblick, alles gibt". Franziskus' Augen füllten sich mit Tränen vor innerer Bewegtheit, wenn die Sehnsucht nach Gott sein ganzes Sein erfüllte. „Liebe Brüder, in diesem Augenblick können wir unser Verlangen spüren, zu Jesus zu gehen und Ihm alles, was in uns ist, zurückzugeben. Christus ist ganz allein auf dem Altar, er gibt uns alles. Ich will zu Ihm gehen." Mit Tränen in den Augen sagte Franziskus den Brüdern: „Dies ist unsere Gelegenheit, Christus zu sagen: 'Du bist nicht allein! Wir sind mit Dir!' " In diesem Mysterium übergaben sich die Brüder dem mystischen Körper Christi.

Gottes Wille, der Weg zu Ihm, war alles, was zählte. „Dieses Mysterium ist das Herz der Messe", sprach Franziskus, wie um ihnen zu sagen, daß die ganze Messe sie nur zu diesen goldenen Augenblicken führen wollte.

Bald sollte das Abendmahl gereicht werden. Franziskus sagte den Brüdern: „Ein schönes Geheimnis liegt in den Augenblicken kurz vor dem Abendmahl. Jeder von uns sollte sich fragen: 'Welches Wort will ich auf den Lippen haben, bevor ich das Brot esse?' Das Wort, das wir auf den Lippen haben, bevor wir Gott empfangen, ist dasselbe, das wir auf den Lippen haben wollen, bevor wir den Körper verlassen und in den Himmel gehen." Die Brüder verstanden, daß jede Messe eine Brücke war, ein Übergang von der Kreuzigung zur Auferstehung, von diesem menschlichen Leben zum Leben der Ewigkeit. „Jedesmal, wenn wir das Abendmahl empfangen, üben wir für den Augenblick des Todes", sagte Franziskus. „Wir sterben für diese Welt und begrüßen unseren Herrn." Diese Augenblicke waren voller Gefühl. Die Brüder suchten nach dem Wort, das sie heute auf den Lippen haben wollten. Manche sagten nur immer wieder: „Herr, Jesus Christus, Herr, Jesus Christus." Andere wiederholten „Gegrüßest seist du Maria, voll der Gnade", denn sie wußten, daß Maria den Christus in allen Menschen zur Welt bringt. Für Franziskus waren die Worte, die er vor dem Abendmahl auf den Lippen hielt, ganz klar: „Alles, was ich meinem Herrn zu sagen habe, ist 'danke'." Dankbarkeit war in seinem Atem, erfüllte seine Zunge und Kehle mit Süße, erfüllte seinen Bauch und seinen ganzen Körper. „Dankbarkeit bereitet uns darauf vor, den Körper der Liebe zu kosten, die Süße unseres Herrn." Dankbarkeit war die beste Vorbereitung auf diesen Augenblick. Franziskus umgab sein Herz mit dem Segen, den er spürte. Das Abendmahl kam heran.

„Das letzte Mysterium ist das Abendmahl.... In jeder Messe sollten wir uns fragen, was dieses Brot ist", sagte Franziskus seinen Brüdern."Dann wollen wir darum beten, daß es den Teil von uns nährt, der am hungrigsten ist." Manchen Brüdern war klar, daß das Brot wirklich der Körper Jesu Christi war. Für einen anderen Bruder war das Brot die Lachtränen der Kinder im Himmel, und wenn er das Brot aß, dann weinte er oft und lachte und weinte wieder. Ein weiterer Bruder stellte sich vor, das Brot sei der Staub von den Flügeln der Engel, und wenn er das Brot aß, fühlte er, wie die Engel ihn trugen.

„Jedes Abendmahl ist der vollkommene Augenblick der göttlichen Liebe. Diese Liebe ist neu und frisch. Man kann sie nicht als etwas Selbstverständliches hinnehmen," lehrte er. „Jede Messe ist wie das erste Mal. Wir fühlen unsere Hingabe, unsere Offenheit, unser Loslassen, unsere Dankbarkeit. Wir fragen: 'Wie ist die Liebe heute hier?'" Es war kein Wunder, daß sich Franziskus und die Brüder nicht um die Probleme der Kirche sorgten. Sie waren am Altar, um alles zu fühlen, was ihnen als Nahrung für ihre Seele gegeben wurde. „Jede Messe ist vollkommene Nahrung für unsere Seele." Franziskus nahm sich oft den Rest des Tages Zeit, nur um immer wieder nachzuspüren und zu genießen, was er empfangen hatte.

Die älteren Brüder wußten natürlich, daß die Hingabe, das Bereitsein, das Sich-Darbringen, die Dankbarkeit und der Augenblick der Kommunion nicht auf die Messe beschränkt waren. Dies waren jeden Tag die Schritte im Leben der Seele. Die fünf Mysterien waren die Mysterien des spirituellen Lebens. Die Messe ist in Wirklichkeit ohne Anfang und Ende, sie ist immer. Die Messe half den Brüdern, beständig zu sein in ihren Schritten in die Ewigkeit.

Meditation

Die Messe war Franziskus' liebste Zeit, um tief in Meditation zu versinken. Tradition und Ritual lieferten den vollkommenen Rahmen, um die Augen zu schließen, nach innen zu gehen und ganz und gar mit Gott zu sein. Die Gebete waren Öl für die Flammen seines Herzens. Das Feuer loderte auf, wenn er seine Sehnsucht nach Gott spürte, wenn er spürte, wie die Liebe ihm gegeben wurde. In der Messe genoß er es, das natürliche Brennen der Seele zu fühlen. Manchmal sah er, wie sich seine Brust öffnete und das Feuer sich über seinen ganzen Körper und die Kirche ausbreitete. Das Feuer und seine Liebe verschlangen alle die Brüder, die da saßen und beteten.

Wenn die Messe ihrem Ende zuging, hatten sich die Flammen durch das ganze Tal mit seinen Dörfern ergossen. Franziskus sandte seine Liebe den Bettlern, die nichts hatten, die krank und einsam waren. Viele Gesichter tauchten in seinem Herzen auf, das jetzt ein Hochofen war, erfüllt von Gottes heilender Kraft. Das Abendmahl erfüllte ihn mit Dankbarkeit darüber, seinen Leib und sein Leben so vollkommen Gott hingeben zu können. Wenn er den Mund aufmachte, um die Hostie zu empfangen, liefen ihm Tränen über die Wangen. „Danke, Herr. Danke, Herr. Danke, Herr..."

Er konnte kaum glauben, daß die Messe vorüber war. Seine Meditatiom hatte gerade erst begonnen. Wenn er an den Armen zweier Brüdern die Kirche verließ, schaute er in die Welt, aber was er sah, waren die Lichter des Himmels. Die Mysterien wirkten in ihm nach. Sein Leben und seine Seele wurden vereint, vermählt. Himmel und Erde kamen zusammen. Franziskus staunte, wie ein Mensch, ein Körper, ein Leben so viel fühlen konnten. Er murmelte: „Herr, Dein Wille geschehe, aber sei gnädig mit meinem kleinen Herzen. Ich bin nur ein Mensch."

Die Geistlichen

Franziskus verurteilte die Geistlichen, die sich mehr mit den Geschäften dieser Welt abgaben, als sich um den Lohn des Himmels zu kümmern, nicht so hart wie viele andere. Er hatte Mitgefühl mit den Priestern, die die heiligen Gewänder trugen und heilige Worte sprachen, aber keine Freude daran zeigen konnten. Viele waren besitzlos wie Franziskus. Aber sie hatten nicht wie er Gott als freudige Liebe. Es ist eines, diese Welt zurückzulassen und aus Liebe zum Himmel heilige Gewänder anzulegen; doch die Welt zu verlassen, ohne je die Seele zu schmecken, war etwas anderes, und Franziskus verstand, wie sehr sie leiden mußten.

Doch ihn erschreckte, wie die Geistlichen dieselben Gebete sprechen, zu derselben Messe gehen, denselben Gott haben und doch so wenig fühlen konnten. Das Göttliche mußte doch zumindest ein kleiner Strom in ihnen sein, der langsam die Sorgen der Welt beiseiteschob und die Freuden des Himmels freilegte! Er wunderte sich, wie ihr Denken so stark sein konnte, daß es die tosenden Ströme der göttlichen Liebe eindämmte. Franziskus konnte nichts tun, um die Liebe einzudämmen, selbst wenn er es gewollt hätte. Gott hatte sein Herz, sein Leben und die Gemeinschaft der Brüder übernommen. Franziskus konnte nur atmen und sein Herz vom Gebet umgeben fühlen, umgeben von der Messe und der Reise seiner Seele, die alles durchdrang und jeden Augenblick beherrschte.

Er betete für die Geistlichen, die zwar die richtigen Gewänder trugen und die rechten Worte sprachen, in deren Augen jedoch so wenig Licht oder Verständnis zu sehen waren. Sie hatten nicht nur die Liebe aus den Augen verloren, sondern verwirrten auch die Leute, die sich an die Kirche wandten und erwarteten, daß sie ihnen klare Schritte zu ihrer Seele und zum Himmel zeigte. Es tat weh, Teil einer Kirche zu sein, die in den Sakramenten alles gab und doch ihre Energie und ihr Geld für Macht und Besitz verwandte.

Es war entmutigend, sich Bruder zu nennen, wenn er andere Gemeinschaften von Brüdern sah, die die richtige Disziplin einzuhalten schienen, aber keine Freude hatten. Franziskus wollte sichergehen, daß seine Bruderschaft der Seele diente und nicht die Seele für die Bruderschaft geopfert wurde. Er nannte sich und seine

Brüder die „Minoriten", die geringeren Brüder, in der Hoffnung, daß alle sich daran erinnern würden, wofür sie beieinander waren.

Um die Zunge zu ergötzen

Für jeden, der vermeiden wollte, sich an der Großartigkeit seines Verstandes und seiner Gedanken zu ergötzen, war die Kanzel eine zu große Versuchung. Es war leicht zu sehen, wie die Kirchenführer die Demut und Nacktheit verloren, nach der Gottes Liebe verlangte. Franziskus verstand, wie sich die Kirche verloren hatte, denn die Versuchung zu meinen, er wisse etwas, wo er doch tatsächlich nur ein Staubkörnchen in Gottes Hand war, konnte er in sich selber spüren. Die Kanzel war kein Freund der Seele. Die Zunge ergötzte sich daran, sich selbst und andere mit gepflegten Worten zu unterhalten. Die Zunge ließ sich in angeregter Unterhaltung allzuleicht von sich selbst davontragen.

Das Reden, erkannte Franziskus, führte entweder auf den Weg der Freuden und Leiden dieser Welt oder in die andere Richtung – auf den Weg des Herzens zu den stillen Gärten der Seele. Er bemerkte, daß seine Zunge ihn ebenso leicht in die Wildnis des alltäglichen Geschwätzes führen konnte wie zu Gott. Der Unterschied lag darin, ob er aus dem Kopf sprach oder aus dem Herzen. Worte haben eine rasche und lang anhaltende Wirkung. Die Zunge konnte viele Gutes oder Schlechtes bewirken, je nachdem wie sie gebraucht wurde. Er sah, wie ein paar zornige Worte sich im Herzen eines anderen festsetzen und über Jahre hinweg schmerzen konnten. Er sah, wie ein paar vergebende Laute Balsam für die Seele sein konnten und ihr eine tiefe Quelle des Friedens und Wohlbefindens gaben. Die Zunge war rasch und mächtig und konnte entweder Eigendünkel oder Demut und Sanftheit in die Welt bringen. Wieviel oder was die Brüder aßen, war von geringerer Wichtigkeit als die Worte, mit denen sie sich unterhielten.

Kapitel 11

Grecchio

In einem kleinen, an einen steilen Berghang geschmiegten Dorf im Rietital bereiteten sich Franziskus und einige seiner Brüder auf Weihnachten vor. Franziskus war voll froher Erwartung. Seine Gedanken weilten bei den Tieren im Stall, bei Maria und Joseph und den Hirten auf dem Felde. Das Friedenskind kam auf die Welt!

Weihnachten nahte! Franziskus dachte an nichts anderes als die göttliche Geburt. Wenn der Nebel sich um die Berghänge legte, schmiegte sich Franziskus an die Erde in seiner kleinen Höhle. Plötzlich hatte er eine Eingebung. Er lief hinaus und bat zwei Dorfbewohner, ein paar Tiere zusammenzurufen. Er bat einen Bruder, eine Krippe zu bauen. An diesem Weihnachten wollte Franziskus dort sein. Er wollte die Geburt aus erster Hand miterleben.

Sie sammelten Stroh und führten die Tiere in den Stall. Die Krippe wurde gebaut. Es war der Heilige Abend. Der nächtliche Himmel war voller Sterne und Planeten, die auf den kleinen Stall herniederblickten, in dem sich die Brüder und ein paar Dörfler versammelt hatten. Die Krippe war leer. Aber war sie es wirklich? Franziskus stand keine drei Schritt entfernt, doch plötzlich kniete er weinend dicht vor der Krippe nieder. Die Brüder schauten. Die Dorfbewohner starrten ungläubig hin. Sie sahen einander an, schauten wieder auf Franziskus, und dann konnten sie den Blick nicht mehr von der Krippe wenden. Sie schworen alle, daß das Jesuskind da war. In Franziskus' Armen lag ein Kind! Der kleine Stall war erfüllt von einer unbeschreiblichen Gegenwart. Die Brüder lagen betend auf den Knien. Die Dorfbewohner hielten einander fest, als ob sie der Geburt eines Kindes beiwohnten, das seinen ersten Atemzug tat und zum ersten Male die Welt sah. Dies war viel mehr als ein Neugeborenes. Dieses Kind würde Heiligen und Sündern, Gläubigen und Ungläubigen die himmlische Verheißung und einen liebenden Gott nahebringen.

Was immer an diesem Abend geschah, Weihnachten war daraufhin nie mehr dasselbe. Ausgehend von diesem friedlichen Abend in Grecchio, wurde die Szene im Stall mit dem Kind in einer Futterkrippe überall in Europa und auf der Welt wiederholt und verbreitet. Der Stall und die Krippe waren von da an Teil jedes Weihnachtsfestes. Franziskus erinnerte die Welt, daß das goldene Kind immer gegenwärtig ist.

Vollkommene Freude

Wenn göttliche Liebe die Seele überflutet, wie kann das menschliche Herz darauf reagieren? Wie konnte Franziskus als normaler Mensch das Geschenk so großer Liebe annehmen, das Wissen, daß Gott uns viel mehr liebt, als wir uns selber lieben?

Eines Tages, während sie durch den Schnee wanderten, um vor der Nacht zu einem Benediktinerkloster zu gelangen, sprach er mit Bruder Leo über diese Frage. Es wurde spät. Es wurde kälter, und der Wind frischte auf. Es hatte wieder zu schneien begonnen, und sie konnten nicht ganz sicher sein, ob sie noch auf dem richtigen Wege waren. An ihre Erfahrungen mit göttlicher Liebe denkend, fragte Franziskus Bruder Leo: „Was ist vollkommene Freude?"

Bruder Leo sagte: „Das ist leicht. Vollkommene Freude ist das Vertrauen, daß Gott uns helfen wird, daß Er uns sicher den Weg zu unseren Benediktinerbrüdern zeigt. Sie werden uns etwas Warmes zu essen geben und uns für die Nacht aufnehmen."

Franziskus sagte, „Nein. Das ist nicht vollkommene Freude. Das geschieht gewöhnlich Gläubigen wie Ungläubigen gleichermaßen. Was ist vollkommene Freude?"

Bruder Leo sagte: „Vollkommene Freude ist, bald beim Kloster anzulangen. Nach einem warmen Feuer und Essen werden wir hören, was die Brüder Neues zu erzählen haben. Sie sind alle in Sicherheit und leben ihr Leben erfüllt von Gott."

„Nein", unterbrach ihn Franziskus wieder, „ein warmes Feuer, Essen, gute Nachrichten – das schenkt Gott großzügig vielen."

Bruder Leo versuchte es noch einmal: „Vollkommene Freude ist, in der Benediktinerabtei anzukommen, die gute Botschaft unseres Herrn durch das Kloster und das ganze Tal zu verbreiten, so daß viele, viele Menschen Wunder erleben und endlich glauben, daß sie eine Seele haben und geliebt werden."

Franziskus schüttelte den Kopf. „Nein, Bruder Leo. All diese Dinge bringen Freude, aber vollkommene Freude ist viel mehr. Vollkommene Freude ist, sich zu verirren, zu frieren und sehr hungrig zu sein. Wenn wir schließlich den Weg zum Kloster gefunden haben, ist es spät. Wir frieren und sind müde. Wir klopfen an und sagen ihnen, wer wir sind, aber die Brüder drinnen glauben uns nicht. Sie nennen uns Lügner und Räuber und sagen uns, wir sollten selber den Weg durch die eiskalte Nacht finden. Das ist volkommene Freude."

Franziskus war so erfüllt von Leben und Liebe, daß es das Mindeste war, was er tun konnte, die kleinen Schwierigkeiten, denen er begegnete, in Freude zu verwandeln, anstatt sich selbst leid zu tun. Das Mindeste, was er dafür tun konnte, daß er eine Seele und ewiges Leben hatte, war, Freude in seinen kleinen Schwierigkeiten zu finden.

Der Rosenbusch ohne Dornen

An einem Wintertag waren Franziskus und Klara unterwegs durch Schnee und Matsch. Vor der Nacht kehrten sie zum Lager der Brüder an der Portiuncula zurück. Beide waren müde von einem langen Tag des Bettelns und Verteilens an die Armen. Der Himmel war grau, und sie beide waren es ebenfalls. Besonders Klara war traurig, da sie nicht wußte, wann sie Franziskus wiedersehen würde. Das Herz tat ihr weh. Es war schon schwer genug, anscheinend alles aufzugeben und nur zu dienen, aber Franziskus auch aufgeben zu müssen erschien ihr ungerecht. Sie teilten so viel von der inneren Reise und hatten so wenig Zeit füreinander in dieser Welt.

Als sie auseinandergehen wollten, konnte Klara ihr Herz nicht mehr bezähmen und fragte: „Wann sehe ich dich wieder?" Franziskus antwortete ohne nachzudenken: „Wahrscheinlich irgendwann im Frühling. Wenn die Rosen wieder blühen."

„Nein! Nein!" schrie Klara und fiel auf die Knie. Franziskus drehte sich erschrocken um und sah sie weinend neben einem winterlich kahlen Rosenbusch knien. Als er sich auf den Heimweg machen wollte, zog etwas seine Aufmerksamkeit auf sich. Der Rosenbusch blühte plötzlich. unmittelbar vor Klaras Herz und ihren Tränen blühten die Rosen. Klara sah ihn an, als wollte sie sagen: „Spürst du meine Liebe nicht?" In einem Augenblick war der Rosenbusch erblüht und ließ seine frischen Blütenblätter in Klaras Hände regnen. Sie stand auf, ging zu Franziskus hinüber und ließ die roten Blütenblätter neben ihm in den Schnee fallen. Der Frühling war schon gekommen. In der Liebe gibt es keinen Winter. Franziskus wußte nichts zu sagen. Klara drehte sich einfach um und ging heim nach San Damiano.

Als Franziskus zu den Brüdern kam, erzählte er ihnen davon. Sie gingen hin, um es zu sehen, und fanden nicht nur die Blütenblätter im Schnee, sondern bemerkten auch, daß der Rosenbusch keine Dornen hatte. Was war geschehen? Dieselben Rosenbüsche blühen bis auf den heutigen Tag Jahr für Jahr, und ihre Stämme sind noch immer ohne Dornen.

Die Fastenzeit

Die Fastenzeit, die sechs Wochen vor Ostern umspannte, war für Franziskus etwas Besonderes. Er beobachtete seine hartnäckige Selbstbezogenheit und suchte zu versöhnen, daß er so menschlich war und gleichzeitig so viel von Gott in seiner Seele fand. Die Fastenzeit begann mit der Zeremonie, sich Asche auf den Kopf zu streuen, um den Körper und die Welt daran zu erinnern, daß sie nicht von Dauer sind, daß aber die Seele, die große Liebe, ewig lebt.

Während der Fastenzeit war das alltägliche Leben wie vergrößert. Franziskus sah, daß neben all dem Guten das Schlechte gleichermaßen existierte. Engel und Teufel lagen im Kampf um die Seelen. Konflikte, Schmerz, Verletzungen und der Verlust lieber Menschen erinnerten ihn daran, daß Kummer zum Menschsein gehörte. Das Leben ist voller Vereinigung und Trennung. Daß nichts von Dauer ist, ist die Regel. Ohne Schwierigkeiten ist wahres Glück nicht zu erlangen. Das Leben ist voller Widerspüche. Der stürmische Weg ließ es ihm nicht zu bequem werden und hielt ihn auf sein Ziel ausgerichtet. Der schmale Weg der Fastenzeit half ihm, sich zu erinnern, daß das Leben für die Seele gelebt wird.

In der Fastenzeit verließ Franziskus das geschäftige Leben bei den Brüdern und zog sich in eine Höhle zurück, um seine Aufmerksamkeit ganz dem Göttlichen zu widmen. „Es gibt nur den Atem und Gott", erinnerte er sich. Wenn Einsamkeit kam, wußte er, daß es die Gedanken waren, die er von Gott getrennt hielt. Ein Teil von ihm sagte: „Man muß sich disziplinieren. Wenn ich Hunger habe, werde ich schlafen. Wenn ich müde bin, werde ich essen. Das Leben sollte unvorhersehbar sein und nicht von den Wünschen und Sinnen beherrscht. Das Göttliche sollte herrschen."

Ein anderer Teil von ihm wußte, daß man die Seele nicht zwangsweise zu öffnen brauchte. Eine Blume ist immer ein Blume, ganz gleich, ob sie blüht oder geschlossen ist oder ihre Blütenblätter verliert. Für Franziskus, der mit offenem Herzen lebte, war die Angst nie weit entfernt. Er war nicht darüber hinaus, auf die Ängste und die Vorhaltungen anderer zu reagieren. Er war so empfindsam, warum sollte er sich noch mehr bestrafen? Warum nicht einfach sitzen und auf Gottes Willen warten? In diesen Zeiten des Alleinseins fielen die Stimmen der Welt allmählich von ihm ab, und er fand seine eigene Stille.

In seiner Höhle liegend, spürte Franziskus die Freude und das Leid, die den Hintergrund seines Lebens bildeten. Sein Leben war vollkommen. Andere mochten seinen Weg nicht verstehen, aber für ihn hatte die Reise nur ein einziges Ziel – den gekreuzigten und auferstandenen Christus.

Die Brüder wollten in der Fastenzeit härene Gewänder tragen, die schmerzhaft am Körper rieben. Sie wollten auf alles Essen und Trinken verzichten. Aber Franziskus verbot all das. Er erinnerte sie daran, daß Fasten fest zu werden bedeutete. Sie sollten lieber aufhören zu klagen, als härene Gewänder tragen. Es war besser, alle Sorgen loszulassen, als sich des Essens und anderer Notwendigkeiten zu enthalten. „Reibt euch Asche auf die Stirn, um das Denken zur Ruhe zu bringen", erinnerte er die Brüder. „Dies ist eine Zeit des Neinsagens zu allem Unwichtigen. Haltet an dem fest, was wichtig ist!" Er erinnerte sie daran, daß unsere einzige Sünde die ist, nicht genug zu lieben. Franziskus schloß die Augen, lächelte und sagte: „Eines Tages wird Gott sich wieder verkörpern und uns Asche und die Befreiung bringen."

Die Fastenzeit endete mit der Mitternachtsmesse, in der die Auferstehung Gottes gefeiert wurde. Wenn alle von Christus, Maria, den Aposteln und all den Heiligen der Kirche sangen, fühlte Franziskus die Anwesenheit der Heiligen Familie und spürte, wie alle Heiligen in die Kirche kamen. Jedes heilige Wesen war eine eigene Gegenwart, eine besondere Liebe, die Gottes Herrlichkeit feierte. Der Raum füllte sich mit Blumenduft. Die

Leute sahen sich um. Woher kam dieser Duft, dieser himmlische Garten? Franziskus lächelte. Er wußte, die Heilige Familie und die Heiligen waren da und zeugten von der ewigen Liebe.

Die andere Seite

Während einer dieser Fastenzeiten, als die Dorfleute sagten, Franziskus und seine Brüder opferten sich Gott auf, begriff Franziskus endlich, daß Aufopferung nicht der Weg war. Es geschah etwas, das seinen geistigen Weg für immer veränderte.

Er aß und schlief wenig. Seine Gedanken waren einfache Mantras. Jede Wiederholung der Worte säte göttliche Samen in sein Herz. Mit geschlossenen Augen stand Franziskus im innersten Zentrum seines Herzens und rief immer und immer wieder: „Herr, du bist mein ein und alles!"

Dann auf einmal war er nicht mehr in seinem Inneren, aber er war auch nicht außerhalb. Er wurde größer und größer und sehr leicht. Sein Bewußtsein erstreckte sich endlos weit zum Horizont. Er spürte, daß er auf der anderen Seite war. Sein Körper löste sich in selbstlose Teilchen auf. Weiter und weiter dehnte er sich aus, ohne Ende. Alles dehnte sich aus. Das Licht war von Freude erfüllt. Die Luft war reine Freude. Franziskus wurde leichter und immer leichter und war dann nichts mehr als dieser unendliche Raum, war Freude jenseits der Freude! Irgendwie wußte er, daß er auf der anderen Seite war. Es war das wahre Leben nach diesem Leben. Er fühlte sich zu leicht, zu sehr von Freude erfüllt, um irgendeinen Gedanken darauf zu verschwenden, ob dies nur ein Erlebnis war oder der große Übergang. Noch immer dehnte er sich aus. Selbst seine Gedanken lösten sich in Nichts auf. Das Licht war zuviel für Gedanken. Die Freude war zu freudig, als daß er sich irgendwie hätte trennen können, um einen Gedanken zu formulieren und festzuhalten.

Franziskus war eins mit seinem Herrn. Gott war grenzenloser Körper aus intensivem Licht. Die lichte Freude war der wahre Körper. In dieser intensiven Freude waren die Antworten auf alle Fragen enthalten. Franziskus wußte es einfach, auch wenn er keine Fragen hatte. Alle Wesen, alle Zukunft und alle Vergangenheit standen zur Verfügung. Er wußte auch das, hatte aber kein Interesse, sich näher damit zu befassen. Er war einfach dieses strahlende Licht, das aus feinster Freude bestand. Es gab nichts anderes.

Franziskus fühlte, daß sich die Zeit verändert hatte. Die Zeit ist ein langes Tau, das sich auflöst, bis jede Faser davon nackt dem Licht der Ewigkeit ausgesetzt ist. Alle Gedanken, die noch übrig sind, sind die Faserenden, die in der göttlichen Freude flattern. Wenn die Gedanken sich lockern und loslassen, ist die Ewigkeit ein Strom von Licht. Es ist sehr wenig Bewegung da, nur ein sanftes Ziehen aus dem Inneren des Herzens nach außen. Die Liebe wird immer weiter. Das war es, was Franziskus fühlte. Die Liebe war gleich den Wogen, die ihn weiter und weiter zogen, zu den Sternen und in die Galaxien hinaus. Das, was er war, und die Liebe waren ein und dasselbe. Sein Wesen war grenzenloser Raum, und er fühlte sich weiter, weiter, weiter werden. Franziskus gab es nicht mehr. Es gab nur Gott, den großen Frieden.

Die Zeit, die er so blieb, schien ihm sehr lange, aber vielleicht waren es auch nur Augenblicke. Niemand wußte, wie lang es tatsächlich währte, auch Franziskus nicht. Als er merkte, daß er sich wieder zusammenfand, wurde er schwerer. Aus dem unendlichen Raum zog er Gedanken, sein Ich, zusammen. Er sammelte Ideen wieder zu Gedanken. Er war zurück. Er hatte einen kurzen Einblick in die Heiligkeit und das Licht des Jenseits erhalten, aus dem wir alle kommen und in das wir zurückkehren. Die andere Seite ist so anders. Die Freude ist so groß. Das wahre Selbst ist ein unendlicher Ozean. Die geistige Welt ist vollkommenes, grenzenloses Annehmen, Licht.

Im Vergleich dazu ist diese Welt schwer, körperlich und ernst. Warum verließ jemand freiwillig eine so schöne Welt, um hierherzukommen? In diesem Augenblick verstand Franziskus, daß nur Jesus Christus oder die größten der Heiligen sich bewußt dafür entscheiden, in diese Welt zu kommen. Er hielt inne und mußte weinen; er fühlte so viel Licht, so viel Achtung und Ehrerbietung vor Gott, der sich erniedrigt hatte, um in diese schwere Welt voller Streit zu kommen. Das war das wirkliche Opfer. Das war vielleicht das einzig wahre Opfer, die reine Freude zu verlassen und in diese Welt zu kommen, um der Menschheit den Weg zurück ins Licht zu zeigen.

Franziskus konnte kaum aufstehen und gehen. Sein Körper war Sterne und goldenes Licht und war doch auch hier bei den Brüdern. Wenn er die Augen schloß und nach innen ging, war er wieder im grenzenlosen Raum. Wenn er die Augen öffnete, zog ihn die Welt in sein kleines Selbst zurück. Er schloß die Augen und wußte, es war immer da, selbst wenn er es vergaß. Als er sich endlich dazu entschloss, die Augen offen zu halten, bemerkte er als erstes die riesige orangenfarbene Kugel der Sonne, die gerade unterging. Es war unglaublich schön. Er sah jeden der Brüder an. Jedes Gesicht war ein Bild der Liebe. Er hatte sie nie so gesehen, wie sie in Wirklichkeit waren. Jeder Bruder war in einzigartiger Weise Gott. Er liebkoste ihre Gesichter und hielt sie in den Händen. Der menschliche Körper und dieses Leben in all seiner Schwere und all seinem Ernst waren ein reines Wunder. Diese Welt mit ihrer Schwerkraft ist vollkommen nackt. All ihre Schwierigkeiten kommen einfach von der Schwerkraft. Sie kann nur ernst sein, wenn so viel des großen Lichtes und der Freude getrennt gehalten wird.

Franziskus sank in den Schoß eines der Brüder und weinte wieder. In dieser Welt zu leben erfordert so viel Demut nicht nur vor Gott, sondern vor jedem Wesen. Wir verlassen so viel! Und doch ist diese Welt, in der wir leben, Gottes Wunder, nur sehr anders.

Diese Seite und die Liebe auf der anderen Seite haben keinen gemeinsamen Bezugspunkt. „Es gibt keine Brücke!" dachte Franziskus. Dann erinnerte er sich daran, wo er war, und sagte: „Doch, die Liebe, die Liebe ist die Brücke. Die einzige Brücke. Es gibt nichts anderes. Nichts anderes ist wahr... Die Liebe..."

Er wußte jetzt klarer denn je, daß die Liebe, ganz gleich wie klein, der einzige Weg ist. Liebe war das einzige, was Aufmerksamkeit verdiente. Nur Liebe konnte eine Brücke zwischen den beiden Seiten schlagen. Liebe ist die Inspiration, der Führer, die Quelle, der Fluß, der Leben spendet.

Tagelang war das Leben heller. Alles, was er sah, hörte und schmeckte, war klarer, schärfer. Die Blumen im Wald leuchteten gelber, purpurner, roter. Jedes Gefühl, auch sein Zorn und sein Egoismus, fühlte sich rein an. Mensch zu sein ist eine einzigartige Erfahrung. Jeder Teil des Menschseins ist schön und vollkommen. Jeder Augenblick ist besonders. Dieses Leben war so anders als das kommende Leben, als die anderen Welten, die uns erwarten. Franziskus war überbewußt. Das kostbare Blut des Lebens durchströmte ihn.

Im Laufe der Tage bekam die Erde ihre Schwerkraft wieder. Der Himmel wurde zur Erinnerung, leuchtend und unvergeßlich, aber dennoch Erinnerung. Es machte Franziskus nichts aus, sich rasch und leicht wieder in die menschliche Geschichte einzufügen. Das Leben war ein reiches Meisterstück. Er war kurz seinem Schöpfer begegnet. Jetzt war die ganze Schöpfung frisch und lebendig in ihm.

Eines Nachts träumte Franziskus, er trüge eine zerlumpte Kutte, voll großer Risse und Schnitte. Als er durch die Stoffrisse schaute, sah er, daß kein Körper darin war, nur sehr helles Licht. Es war dasselbe intensive Licht, das er auf der anderen Seite gesehen hatte. Die Kutte war sein irdischer Körper, aber sein wahrer Körper war das Licht. Im Traum verstand Franziskus, daß die Risse seine Sünden waren. Sünden sind die Trennungen, die wir verursachen, die großen und kleinen Trennungen von der Gegenwart der Liebe. Jede Sünde, jede Trennung geschieht wirklich aus Mangel an Glauben. Franziskus sah das Licht, das durch die Risse in seiner Kutte drang. Durch die Trennungen, die Sünden hindurch wußte er, daß er eines Tages ganz bei Gott sein würde.

Inzwischen hatten die kleinen Einblicke in das Göttliche alles andere für Franziskus verändert. Wie die Bäume im Wald waren die Brüder in der Gemeinschaft versammelt. Alles war volkommen! Das Leben war voller Sinn! Freude war in allem und jedem. Wie einfach alles ist! Einfachheit hielt sein Herz in der Welt standhaft. Einfachheit entdeckte die Schönheit der Natur, die Schönheit des Augenblicks.

Alles Komplizierte, jede Schwierigkeit würde er in den Frieden der Einfachheit bringen.

Kapitel 12

Die Unerwünschten und Abgelehnten

Nachdem er so viel Liebe gefunden hatte, konnte Franziskus gar nicht anders, als sich den Unerwünschten und Abgelehnten näher zu fühlen. Die Armen, die Leprakranken, die Ausgestoßenen und einsamen Seelen, die, von niemandem beachtet, verstreut in der italienischen Landschaft lebten, diese beachtete Franziskus. Sie waren seine Familie. Auch Gott und die goldene Liebe wurde von niemandem beachtet. Bäume, Steine, Tiere und Vögel – all das Leben, das für andere belanglos war, war Franziskus wichtig.

In dem Maße, wie Gott in Franziskus' kleines Herz einströmte, mußte sein Herz mit den Kleinen und Unbedeutenden sein. Er fühlte sich den Opfern am nächsten, den Unverstandenen, den Machtlosen, den Nackten. Er selbst war nackt, und alles war ihm geschenkt worden. Er mußte die gute Botschaft verbreiten, daß uns alles geschenkt wird. Er konnte nicht genug lieben. Je mehr Liebe er innerlich erfuhr, umso mehr schrie seine Seele nach Gelegenheiten, zu lieben. Nur wenn er Liebe gegeben hatte, fand er inneren Frieden, zumindest so lange, bis seine Seele wieder zu schreien begann. In dieser Zeit konnte Franziskus oft keinen Sinn in seinem Leben finden als nur den, anderen zu geben. Wie sonst hätte er mit all der Freude und dem strahlenden Licht fertigwerden sollen?

Bettler für Gott

„Liebe Brüder, wir sind Bettler für Gott", erklärte Franziskus. „Wir leiden für Gott. Wir tanzen für Gott. Wir beten, hungern, singen und weinen für Gott. Wir werden für Gott müde und sind krank für Gott. Wir predigen für Gott und sitzen für Gott in der Stille. Wir hören für Gott zu, wir wandern für Gott weite Strecken und schlafen für Gott in Höhlen. Wir lieben Gott in den Leprakranken, in den Adligen, in allen Menschen. Wir atmen für Gott."

Franziskus und die Brüder fanden Freude in allem Menschlichen und in der Natur. Denn alles ist göttlich.

Heilung

Kranke, Krüppel, verzweifelte Menschen schöpften wieder Hoffnung, wenn Franziskus in der Nähe war. Er war ihr Nächster und ihr Freund. Die meisten Leute hielten äußerlich und besonders in ihren Herzen etwas Abstand von ihm. Franziskus fühlte sich bei den Armen zuhause, und sie wußten es. Vielleicht war es deshalb so, weil Franziskus den Teil von sich kannte, der in dieser Welt nicht verstanden und deshalb abgelehnt wurde.

Er wollte die Menschen nicht verändern, er liebte sie nur. Manchmal baten sie ihn, ihnen die Hand aufzulegen, wenn sie Schmerzen hatten. Wenn er sie berührte, konnte er einen warmen Strom spüren, der von ihm in ihren Körper floß. Die Wärme strömte leicht aus seinen Händen, denn sie waren offen für die Liebe. Er bemerkte, daß die Menschen, die sich selbst am wichtigsten nahmen, am meisten von Gottes Liebe, von den Menschen und der Natur getrennt lebten. Die Demütigen konnten leicht die liebende Wärme fühlen und empfangen, die durch ihn kam. Während dieser Heilungen war Franziskus ohne jeden Gedanken außer vielleicht dem, um Gottes Gnade zu bitten.

Bei diesem heilenden Strom ging es nicht um bestimmte Gedanken oder Gefühle. Es ging nicht einmal um Liebe, das heißt, nicht um Liebe, wie man sie gewöhnlich betrachtet. Heilung floß zwischen Franziskus und den Kranken wie ein sanfter Strom, der zeigte, wie natürlich es für Gottes Liebe ist, vom Himmel zu denen hinzufließen, die wirklich danach hungern.

Zwanzig singende Nonnen

Eines Tages war Franziskus voller Sorge, ob er genug liebte. Er saß still in einer kleinen Kapelle, als singend und betend etwa zwanzig Nonnen hereinkamen. Wie die Schwalben erhoben sich ihre Stimmen auf den Schwingen ihres Liedes in die Abendröte. Sie waren so glücklich und sicher in ihrer Hingabe an Christus.

Franziskus betete und genoß das andächtige Konzert, das um ihn ertönte. Seine Gedanken weilten bei der Liebe oder vielmehr bei seiner Unfähigkeit, sie auszudrücken, als plötzlich in seiner Brust ein strahlendes Licht aufleuchtete. Als er hineinschaute, sah er sein Herz, unglaublich hell und rein! In diesem Augenblick wußte er, daß er so sah, wie Gott uns sieht. Gott sieht nur sich selbst in uns, das heilige Licht. Das wahre Selbst, die Seele, ist ohne jeden Makel. Franziskus war sprachlos. „Das Licht ist so vollkommen", sagte er immer wieder zu sich selbst. Als die Nonnen ihren Gesang beendeten und zum Abendessen hinausgingen, saß er allein und weinte still. Das Licht! Das Licht! Gott ist so gut. Uns wird vollkommen vergeben.

Ein Winter ohne Ende

In einem Jahr waren Fastenzeit und Ostern schon lange vorüber, und noch immer wollte der Winter nicht weichen. Der Wind und die Kälte waren erbarmungslos. Viele Bauern und Dorfleute sagten, einen so langen und strengen Winter hätten sie noch nie erlebt. Ständig hielten sie Franziskus und die Brüder an, um zu fragen: „Ist das Ende nahe? Straft uns Gott? Wird es jemals wieder Frühling werden?"

Es war so kalt, daß die Brüder trotz aller Feuer und obwohl sie zu essen hatten, nicht warm wurden. Manche verloren den Mut und fragten sich, ob dieser Winter nicht vielleicht wirklich ein Zeichen war. Vielleicht war der Orden zu groß geworden und liebte nicht genug? Vielleicht wurden jetzt die abergläubischen Prophezeiungen wahr, die in den kleinen Dörfern umgingen, und es stand ein dunkles Zeitalter bevor? Dieses Jahrhundert sollte große Veränderungen mit sich bringen. Der Zorn der Natur sollte sich über der Erde entladen. Gott strafe alle Sünder. Das behaupteten jedenfalls ein paar weise Frauen und alte Bauern in den Dörfern der Umgebung. Ganz gewiß konnte sich niemand erinnern, jemals so viel Schnee und Not erlebt zu haben.

Einige Brüder konnten Franziskus nicht mehr nahekommen. Er hieß die Not willkommen. Sie hatten genug davon. Sie froren bis auf die Knochen. Sie wollten nur noch nach Hause und es ein bißchen gemütlich haben, bis für alle das Ende kam. Franziskus las in ihren Herzen. Eines Nachts, gerade als sie das Lager verlassen wollten, rief er sie zu sich. Der Wind heulte so sehr, daß die Brüder ihn kaum sprechen hörten.

Franziskus rief sie näher zu sich heran, als sie sich um das Feuer kauerten. „Wenn unsere Herzen vor Sehnsucht nach unserem himmlischen Zuhause brennen", sagte er, „dann macht es uns keine Mühe, die äußere Kälte zu ertragen." Er nahm ihre kalten Hände in die seinen. Still lud er die Liebe der Heiligen Mutter in die Tiefe ihres Winters ein. Die Brüder hatten ihren steifgefrorenen Körper bald vergessen. Das Feuer, das zuvor niemals genügt hatte – in dieser Nacht wärmte es sie auf wunderbare Weise. War es Franziskus, der sie mit seinen Worten von der Heiligen Mutter und der besonderen Liebe des Himmels wärmte? Er sagte ihnen, der Winter sei recht lang gewesen, aber in den Augen der Ewigkeit sei es nur ein kleiner Augenblick. „Denkt nicht an das Ende der

Welt. Es ist nur der Tod eures Verstandes, eurer Sorgen und eurer Ängste, den ihr seht. Schaut auf das größere Leben, zu dem wir berufen sind. Dieser Winter ist Gottes Art, uns auf den ewigen Frühling vorzubereiten." Die Brüder schämten sich, daß sie das Lager hatten verlassen wollen. Sie wußten, sie konnten nirgendwo hingehen, wo sie so viel Liebe finden würden wie bei den Brüdern und Franziskus.

Am nächsten Tag kam zu jedermanns, außer Franziskus', Erstaunen die Sonne heraus. Das warme Licht begann, Schnee und Eis zu schmelzen. Innerhalb weniger Tage blühten die kleinen Blumen in den Wäldern. Jeder wußte, es war Frühling geworden. Franziskus ging in die Berge, um als erster Bruder die Sonne und den Sommerwind zu begrüßen, der bald da sein würde. Er hatte in den Bergen oft einen immer wiederkehrenden Traum vom Fliegen. Vielleicht rührten diese Träume daher, daß er viele Stunden lang die Falken bei ihrem freudigen Flug beobachtete. Franziskus liebte das Gefühl, im Traum hoch in den Himmel zu steigen und dann ins Tal hinunterzuschießen. Oft lehrte er im Traum seine Brüder und einige empfängliche Dorfleute, zu fliegen. Es gab eine bestimmte Stelle, ein bestimmtes Gefühl in seiner Brust, das er berühren mußte, dann erhoben sie sich vom Boden. Die Träume waren sehr real, Klarträume, und er wunderte sich beim Erwachen, daß es nur ein Traum gewesen war. War es wirklich so? Er wußte allmählich, daß Träume mehr sind als nur Träume. Die Seele spricht und lebt, wenn das Bewußtsein schläft. Während der Nacht flog seine Seele. Es war alles so leicht, so mühelos. Das ist das wahre Leben, das uns ruft!

Warum kann es nicht immer so sein? Warum dieses ewige Gefühl, daß ich nicht genug lieben, nicht genug fasten, nicht genug beten kann? Was ist genug? Franziskus begann zu verstehen, daß sein Leben nicht sein Leben war. Ob er mehr Seelen liebte oder weniger, ob er Tage oder Wochen fastete, ob er den ganzen Tag und die ganze Nacht betete – es war Gottes Wille, Gottes

Leben, das in ihm lebte. Gott arrangierte die Gelegenheiten zum Lieben, die Einzelheiten eines jeden Tages. „Gott kennt jedes Haar an meinem Körper", sagte Franziskus. „Wer bin ich, daß ich darum kämpfe und argumentiere, wieviel oder wie wenig ich geben kann?" Franziskus wollte für Gott gegenwärtig sein, wie Maria gegenwärtig war, einfach als all das, was sie war. Er erinnerte sich ihrer Worte: „Dein Wille geschehe, Dein Wille geschehe"... Ihr Besuch war ihm immer sehr nahe.

Immer bedingungsloser vertraute er der Gegenwart. Seine Gedanken flogen in die Zukunft, und er reagierte auch noch auf Schwierigkeiten der Vergangenheit. Doch er wußte, daß der Augenblick der Gegenwart alles enthält. „Alles ist uns geschenkt", sagte er, „wenn wir offen und bereit sind. In der Gegenwart schlägt Gottes Herz." Die Gegenwart enthielt die Antwort auf jeden Wunsch und jedes Verlangen. Er brachte sich in den Augenblick der Gegenwart und fand in seinem Inneren einen Quell endlosen Reichtums.

Kapitel 13

Frühlingsblüten

Mit dem Frühling kamen frische Blumen, und der Glaube war wie neu. Die Apfel-, Pflaumen- und Kirschbäume waren mit Blüten übersät. Franziskus saß stundenlang unter ihren Kronen, ganz versunken in ihre Pracht. Wie vollkommen, daß Blüten die frischen Früchte in die Welt einführen. Der Himmel ist ganz ähnlich. Zuerst fühlen wir die Blütenblätter, die Gottes Liebe ankündigen, dann entfaltet sich der Garten der Liebe in uns. Als die Frühlingswinde die weißen und rosa Blüten zu Boden wirbelten, war Franziskus da, sog ihren Duft ein und fühlte die Blütenblätter um sich tanzen. Mutter Erde verkündete: Der Himmel ist hier. Die Blütenblätter schwebten auf den weichen Grund in Franziskus' Herzen und hoben ihn wieder und wieder empor.

So, wie er saß und den Blütensegen auf die Erde schneien sah, konnte Franziskus auch zusehen, wie sein Orden nach und nach auf fünftausend Brüder anwuchs. Sie kamen zu Hunderten aus den Schlössern und kleinen Dörfern, aus den Bauernhöfen und selbst aus fremden Ländern. Jeder von ihnen ließ ein ganz normales Leben hinter sich, gab eine Identität als Bauer oder Händler, als Ehemann oder Vater auf, um sich wie Franziskus einem Leben des Glaubens anzuschließen, einem Leben der Suche nach Gott im Unbekannten. Jeder gab seinen Besitz und alle Annehmlichkeiten auf und brachte nichts mit als sein Herz und seine Sehnsucht nach Gott. Jetzt waren Einfachheit, Hingabe und Dienen ihr Heim und ihre Freude... Die menschlichen Blüten, die ins Lager schneiten, waren voller Hoffnung, als ob auch sie den ewigen Frühling verkündeten. Franziskus war gewiß, daß jeder Bruder auf wunderbare

Weise seine eigene Schönheit, seine Seele und Gott in seinem Inneren entdecken würde.

Natürlich war es nicht ganz so einfach. Die neuen Brüder ließen zwar alles hinter sich, brachten jedoch auch alles mit: alle ihre Gewohnheiten und Kämpfe, ihre Zweifel und ihre Ängste. Die Konflikte, die sie zu Hause bei ihren Familien zurückgelassen hatten, schufen sie jetzt untereinander. Sie brachten ihr Selbstbild als Reiche oder Arme, Gewinner oder Verlierer, harte Arbeiter oder Faulpelze mit. Wenn man die Welt des Alltags verläßt, wird das innere Leben intensiviert. Die neuen Brüder brachten alle ihre Kämpfe mit ins Lager und zu Franziskus. Als Wurzel ihrer Probleme erkannte Franziskus ihre Angst. Er konnte nur beten, daß sie eines Tages die Liebe spüren würden. „Übt die Armut!" drängte er sie. „Gebt alles auf, einschließlich eurer Gedanken über euch selbst. Lebt für Gott, und denkt an Gott, die vollkommene Liebe." Franziskus wußte, daß es zum Weg gehört, daß alles, was nicht Gott ist, deutlicher sichtbar wird. Die Erde tritt stärker ins Bewußtsein, bevor das Herz von der Liebe zum Himmel überwältigt wird. Es würde eine Zeit dauern, bis Gottes Liebe aus diesen Männern neue Brüder gemacht hatte.

Freudig sah Franziskus den göttlichen Garten wachsen. In dem Maße, wie die neuen Brüder allmählich das Bedürfnis losließen, selbst darüber zu bestimmen, was Gott ihnen gab, wuchs das neue Leben rein und stark heran. Anstatt zu versuchen, die Ereignisse des Tages unter Kontrolle zu haben, entdeckten viele Brüder das Geheimnis, daß der Weg zu wahrem Frieden und wahrer Freiheit darin besteht, sich jedem Tage hinzugeben. Franziskus zeigte den Brüdern, wie sie diese Welt verlassen und die Freude der Ewigkeit finden konnten. „Geht als leeres Gefäß zu Gott", sagte er. „Das Göttliche wird euch erfüllen. Seid ein Kelch für alle, die kommen, um aus euch zu trinken, und ihr werdet sehen, wie sehr Gott mit euch ist."

Die Brüder hörten Franziskus, aber wenige verstanden, was er sagte. Nach der anfänglichen Aufregung darüber, jetzt ein Bruder zu sein, glitten viele von ihnen in eine Art Depression. Sie hatten ihre gewohnte Identität verloren. Zuvor hatte sich ihr Leben darum gedreht, Schwierigkeiten zu vermeiden und sich Bequemlichkeiten zu verschaffen. Jetzt ging es darum zu lernen, frei zu sein und sich nicht mit irgendwelchem Glück oder Unglück zu identifizieren, das ihres Weges kam. Früher waren sie damit beschäftigt gewesen, die Vergangenheit wieder in Ordnung zu bringen oder sich auf die Zukunft vorzubereiten. Die meisten der Brüder waren sich im allgemeinen des Augenblicks der Gegenwart und all seiner Schätze nicht bewußt. Jetzt wurde ihnen gesagt, Vergangenheit und Zukunft gebe es nicht. Jeder konnte Franziskus' Worte hören: „Es gibt nur diesen Augenblick! Finde vollkommene Freude und entdecke die Ewigkeit!"

Zuvor war das richtige Leben das, was sie in der Welt getan hatten, und jetzt zeigte Franziskus ihnen das wahre Leben, das sich entfaltete, wenn sie sich der Liebe in ihrem Herzen öffneten. Bis dahin hatten sie ihre persönliche Kraft daraus bezogen, in den Augen der Brüder wichtig zu sein. Franziskus sagte ihnen: „Seid nichts. Seid klein vor den Augen Gottes. Demut ist der goldene Weg zum Ziel, ganz klein in Gottes Hand zu sitzen." Die meisten dieser Brüder waren viel zu groß, als daß sie so einfach und still hätten sitzen können. Bei all diesen Herausforderungen dachten einige daran, wieder heimzugehen. Aber sie wußten, sie hatten sich zu einem neuen Leben entschlossen, einem Leben für die Seele. Es gab kein Zurück. Franziskus half ihnen zumindest, ihre Nacktheit anzunehmen und Gott zu lieben.

Franziskus betrachtete jeden Bruder als eine Blume, die sich Gott öffnen will, die trotz ihrer Begrenzungen die vollkommene Blume sein will. Er wußte, ihre Schwierigkeiten waren nur die Persönlichkeit, die nichts ist, nur die Kleidung der Seele. Für die neuen Brüder war die Persönlichkeit etwas, das sie kannten, und die Seele war noch wie ein Traum für sie. Wie der Duft in den Blumen verborgen liegt, so lag ihre Seele verborgen in ihren Herzen.

Franziskus konnte wenig tun, als ein kleines Vorbild für sie sein. Er hatte alle Hände voll zu tun, sein eigenes Herz einfach, rein und wahrhaftig zu halten. So wie die Brüder alles zu ihm brachten, brachte Franziskus alles zu den Füßen des Herrn. „Herr, erbarme dich unser... Herr, erbarme dich..." Sein Mantra hielt Wache um sein Herz. Franziskus ermunterte die neuen Brüder, diese Worte zu üben und sie ihrem Herzen nahe zu halten. Sie waren der göttliche Pflug, der die alte Welt umgrub und in frisches Erdreich für Gottes vollkommenen Plan für jeden von ihnen verwandelte. Gewiß würde Sein Garten wachsen!

Die Füße des Herrn

Franziskus stellte sich oft vor, zu Füßen Jesu Christi zu sitzen. Dort lud er alle seine Sorgen und Wünsche ab. Er tat es regelmäßig, denn er wußte oft nicht, welche Entscheidungen er treffen sollte und was dem höchsten Wohle diente. Sollte er sich zum Beispiel mehr um den Orden kümmern oder die Brüder ihre Probleme selbst durchstehen lassen? Sollte er mit den Brüdern betteln gehen oder allein im Walde bleiben und beten? Er erkannte, wieviel er nicht wußte, und fand Einfachheit, wenn er dem Herrn sein Leben zu Füßen legte. Hier in seinem Inneren konnte sein Herz weich und offen bleiben. Das Leben zu Füßen des Herrn war klar und unkompliziert. Außerdem half ihm dieses Übergeben in ganz praktischer Weise, sein inneres Wissen von den Gedanken zu unterscheiden, die einfach aus einem rastlosen Gehirn aufsteigen.

Inzwischen wußte Franziskus, daß Gott zu lieben bedeutete, ganz dicht bei Ihm zu bleiben. Franziskus machte es sich zur täglichen Übung, Gott zu lieben, indem er sich mit all seinen Gefühlen und Sehnsüchten dem Herrn zu Füßen legte. Früher hatte er geglaubt, Gott wolle nur bestimmte Teile von ihm. Jetzt wußte er, Gott lud alles von ihm ein. Alles von ihm sollte diese

Liebe spüren. Wer war er, daß er Teile von sich zurückhielt? Wer war er, zu sagen, welche Teile für Gott in Ordnung waren und welche versteckt werden mußten? Er sah keine andere Wahl, als dem Herrn die egoistischsten, dickköpfigsten und allermenschlichsten Sehnsüchte zu Füßen zu legen.

Wenn die Probleme des Lebens ihn quälten, richtete er sich fest auf die Füße Christi aus. Franziskus verstand nicht, warum Menschen ihre Schmerzen für sich behielten. Er packte, wenn die Schmerzen des Lebens besonders hart waren, die Füße Christi und hielt sich daran fest, als ob das Leben seiner Seele davon abhinge. Diese Zeiten absoluter Abhängigkeit dienten dazu, die Bande zwischen ihm und der Welt zu lösen. Franziskus war nackt, allein mit dem Göttlichen.

Dicht bei den Füßen Jesu Christi zu leben lehrte ihn, wo die wahre Sicherheit des Lebens zu finden ist. Franziskus zeigte den Brüdern, nicht von etwas anderem, was außerhalb von ihnen lag, abhängig zu sein. Sicherheit kam davon, daß man verstand, anstatt zu reagieren, daß man half, anstatt zu wollen, und gab, anstatt zu fordern. In Christus fanden sie eine wirkliche Gegenwart. Die Liebe war ganz klar bei ihnen.

Verfolgung

Niemand kann mit Sicherheit sagen, an wie vielen Krankheiten Franziskus litt, denn meist behielt er seine Schmerzen für sich. Die Ärzte der damaligen Zeit bestätigten ihm chronische Leber-, Magen-, Augen- und Milzbeschwerden, Infektionen und Krankheiten, die die meisten Menschen niedergestreckt hätten. Es war ein Wunder, wie ein einziger kleiner Körper so viel Krankheit und so viele Engel tragen konnte. Franziskus, wie vor ihm die Jünger und nach ihm viele Heilige, hieß die Mühsal und die Schwierigkeiten des täglichen Lebens willkommen. Von Anfang an hatte er unter der Ablehnung seines Vater und der Leute von Assisi gelitten. Diese Ablehnung hatte ihn dazu getrieben, Gottes annehmende Liebe zu suchen. All die Jahre hindurch bewirkten seine körperlichen Qualen, daß seine Energie und seine Gebete darauf gerichtet blieben, Gottes Trost zu empfangen. Als er später einmal hörte, daß in einem fremden Lande zwei Brüder wegen ihres Glaubens gemartert worden waren, freute er sich und feierte das Ereignis. Er wünschte, er wäre es selbst gewesen.

Daß er jede Mühsal so von ganzem Herzen willkommen hieß, war sehr seltsam und mußte jeden, der nach dem Lohn dieser Welt strebte, merkwürdig anmuten. „Was für ein Gott ist das, der seine treuen Anhänger so behandelt?" fragten viele der Stadtleute und selbst der kirchlichen Würdenträger. Sie wußten jedoch, daß Jesus Christus und die frühen Christen auch so gelebt hatten.

Allmählich verstanden die Brüder, wenn Franziskus sagte: „Wir sind ein Garten voller Steine, und Christus ist unser Gärtner. Gott ist der große Künstler, und wir heißen seinen Meißel, sein Messer und seinen Hammer willkommen. Er glättet die scharfen Kanten, die wir um unser Herz errichtet haben. Wir verstehen die Schläge seiner Werkzeuge vielleicht nicht, aber wir können spüren, wenn unsere Härten abgeschliffen werden. Unsere Ablehnung und Demütigung, unsere Schmerzen und Unbequemlichkeiten in dieser Welt sind Sein Werk, wenn Er den Garten der Ewigkeit in uns bereitet." Die Brüder trösteten sich und sahen, daß ihr Weg alles Leben umfaßte, die Schwierigkeiten ebenso wie die Freude. Sie sahen die Blumen der Liebe an den unerwartetsten Orten um Franziskus erblühen. Sie dachten an die regnerischen Abende, wenn Franziskus scheinbar aus dem Nichts eine trockene Höhle zum Übernachten fand. Wenn während der Morgenandacht der Wind plötzlich auffrischte, fand Franziskus genau die richtige windgeschütze Schlucht und lud die Brüder zu einem Gebet ein, das warm und voller Hingabe war. Die Brüder vertrauten, daß die Wurzeln der Liebe sich immer tiefer in ihr Sein senken würden, wenn sie beteten, auch die andere Wange hinhielten und gaben, auch wenn das Geben schwerfiel. Ganz gewiß würden in den schweren Zeiten Gottes Blumen da sein, und auch in ihnen würde die Ewigkeit erblühen.

Franziskus rief ihnen immer sehr rasch ins Bewußtsein: „Warum wollt ihr dieses Leben darauf verschwenden, euren Körper zu schützen, wenn er sowieso dazu verurteilt ist, wieder zu Staub zu werden? Legt euer Herz in die kleinen Schmerzen und Unbequemlichkeiten, als seien sie Gottes süßeste Küsse, die euch auf das ewige Leben vorbereiten. Jeder Kuß erinnert euch daran, daß ihr nicht euer Körper seid. Ihr seid nicht eure eigene Wichtigkeit. Ihr seid Liebe, ihr seid eine Seele, und nichts als die Liebe kann euch wirklich berühren."

Ob sie die Ungemach willkommen heißen konnten, war für die Brüder keine Frage genügenden oder ungenügendem Glaubens. Sie hatten gelobt, sich auf Gott zu verlassen. Das Leben war eine Dramenbühne und würde irgendwann mit dem Tode enden. Dieses Leben war dazu da, für Gottes Willen zu erwachen, für die Ewigkeit. Sie hatten die Kleider dieser Welt und die Illusion der Unabhängigkeit hinter sich gelassen. Jeder Bruder ließ mehr als seinen Besitz zurück. Er wurde sich bewußt, daß Gott der vollkommene Regisseur des Lebens war. Als Gottes Narr führte Franziskus die Brüder in ein neues Leben, in dem Erfolg und Mißerfolg, Sieg und Niederlage oft genau das Gegenteil von dem waren, wofür sie anfänglich gehalten wurden. Die Armut führte sie zu Gottes Reichtum. Körperliche Annehmlichkeiten wurden gemieden, wenn sie die Brüder verführten, weniger zu beten und sich mit den vergänglichen Befriedigungen der Welt zufriedenzugeben.

Wenn Ungemach nicht als Feind, sondern als Gottes Wunder gesehen wird, dann war im Gesicht der Brüder ein Glanz und ein Licht zu sehen, das wahrhaft heilig war.

Auf der Suche nach dem Höchsten

Es ist nicht klar, ob die zunehmenden Schwierigkeiten innerhalb des Ordens Franziskus in die Berge trieben oder ob sein Herz nur einfacher und empfindlicher für den Druck der Welt geworden war. Immer wieder sehnte er sich danach, auf diesen oder jenen Gipfel eines Berges zurückzukehren, um mit Gott allein zu sein.

In jeder Jahreszeit brachten ihm diese Wanderungen Erleichterung von seinen immer noch anhaltenden Gefühlen der Unwürdigkeit und der Selbstkritik. Seine körperlichen Schmerzen schienen in der Bergluft nachzulassen. Die Brüder versuchten, ihm seine emotionalen Kämpfe auszureden. Sie versuchten, ihn aufzufangen, bevor er erneut in ein Loch der Selbstverachtung fiel, aber ohne großen Erfolg. Für seine körperlichen Leiden brachten sie ihm stets die neuesten Heilmittel des Volkes. Franziskus wußte jedoch, daß er die Bergluft brauchte, um sich wieder zu erinnern, daß er diese Welt nicht so ernst zu nehmen brauchte. Er wollte seine Hingabe fühlen, die das wahre Heilmittel für alle seine Schwierigkeiten war. Seine Liebe zu Gott war die beste Medizin, der geheimnisvolle Balsam, in dem Körper und Geist ausruhen und heil wurden. Wer glaubt, Franziskus hätte seinen Weg zu Gott durchlitten, der hat nicht die warme Frühlingsluft in den Bergen Mittelitaliens geatmet und nicht die Schönheit der italienischen Landschaft gesehen, die Sinne und Seele berührt.

Über den Wolken lag die erhabene Stille, Franziskus' liebster Altar. Hier lag er auf der Erde, streckte die Arme aus und ließ seine Sehnsucht nach Gott bis zu den fernsten Horizonten reichen. Es gab keine Gedanken. Beim Einatmen fand er in seiner Leere unendlichen Raum. Beim Ausatmen hatte er die Empfindung, als ob er in seinen wahren Körper atmete. Mit dem Atem, der aus seinem Munde strömte, strömte die Liebe durch ihn in die Welt. Er atmete Gottes Liebe in die Welt! Mutter Erde, der Himmel, die Vögel – alles Leben war sein wahrer Körper. Die

Leere hatte Franziskus das höchste Geschenk gemacht. Sie hatte ihn zu Gott gewandt, zum Leben in all seinem Reichtum. Ausatmen! Geben! Das war das Geheimnis! In diesen Augenblicken wollte Franziskus nichts anderes als atmen und spüren, wie die Luft durch seine Lungen in die ganze Schöpfung strömte. Mit jedem Atemzug war er in Gottes Wunder, dem mystischen Körper. Mit jedem Atemzug waren Franziskus und das Göttliche herrlich und heilig vereint. Das war das wahre Leben, zu beten und die heilige Stille zu genießen. Die Ewigkeit ist in solchen Augenblicken eine körperliche Erfahrung.

Gott war Franziskus' schlagendes Herz. Gott zog sanft jeden Atemzug herein und schob ihn wieder hinaus. Das Bewußtsein all dessen brachte ihn in Ekstase, bis der Schlaf ihn überkam.

Eines Morgens, als er in St. Urbano erwachte, mit einem Blick über das Tal voller Weinberge zu seinen Füßen, spürte Franziskus, daß er Gottes Liebe feiern und das Abendmahl mit seinen Brüdern begehen wollte. Es gebe keinen Wein, wurde ihm gesagt. In dem Gedanken, daß der Wein auch seinen Krankheiten guttun würde, bat er einen Bruder, einen Eimer Wasser aus dem Brunnen zu holen. Als das Wasser ausgeschenkt wurde, hatte es sich auf wunderbare Weise in köstlichen Rotwein verwandelt.

Im Leben eines Heiligen wird das Außergewöhnliche gewöhnlich, das Wunderbare zum Normalen. Franziskus erklärte: „Wenn wir in Gottes Liebe leben, gibt es keine Grenzen. Ich weiß, daß in Gottes Licht die Gedanken eines jeden aus schlichtem Samen zur vollen Schöpfung erblühen können." Franziskus ließ die Wunder natürlich erscheinen. Viele der Brüder, die ihm nahe waren, glaubten allmählich daran, daß es wirklich so war. Ganz sicher hatte Franziskus zu tiefer Einfachheit gefunden. Aus seiner Einfachheit strömten Wunder und Freude wie vollkommener Sonnenschein.

Kapitel 14

Der Weg der Ewigkeit

Das Erlebnis der Ewigkeit war klar in Franziskus' Herzen. Im stillen Meer seines tiefinnersten Wesens ruhte seine Seele. Er brauchte nur die Augen zu schließen und nach innen zu gehen. Da war dieses strahlende weiße Licht, ein Licht ohne oben und unten, ohne Wände oder Grenzen jedweder Art. Die ganze Welt, alles, war in Franziskus' Innerem in diesem Licht gebadet und geborgen. Es war eine intensive Liebe, der kein Gedanke oder Wunsch, nichts Menschliches standhalten konnte. Es gibt keine größere Kraft und keine Verteidigung, kein Leugnen ist ihr gewachsen. Das Licht durchdringt alles und jeden, gleich, ob es gefühlt wird oder nicht. Franziskus wußte, daß früher oder später jede Seele sich ergeben und einfach dieses Licht sein würde. Wenn er in seinem Inneren, in diesem Lichte ruhte, dann wußte er, es war die Quelle der Schöpfung, der vollkommene Friede, der alles beschützt.

Dies alles in seinem Herzen, überall in der Brust und darüber hinaus zu spüren löste jedoch nicht vollständig seine Probleme mit dem täglichen Leben. Wer sollte er nach Gottes Willen sein? Das strahlende Licht, das er gefunden hatte, war das Leben, das Leben der unendlichen Möglichkeiten. Das Leben war voll unglaublicher Herrlichkeit, und doch blieb zwischen ihm und allem, was ist, die Schale seines Körpers und seiner Persönlichkeit bestehen. Franziskus war entschlossen, daß Gott sein ein und alles sein würde. Er war entschlossen, alles zu lieben, was das Leben ihm präsentierte, als ob es nichts geringeres als heilig wäre. Er wußte, daß es einen Weg geben mußte, sich jetzt ein für allemal dem Licht des großen

Übergangs zu öffnen. „Gottes Liebe wird nicht für den Augenblick aufgespart, wenn wir sterben und den Körper verlassen", beharrte er. „Gott schenkte seinen Sohn und damit auch sein Licht uns allen. Im Schmerz des Lebens bedeutet dieses Geschenk Geborgenheit und Trost durch den gekreuzigten Christus. Und in der Freude schenkt das Licht die höchste Freude in der Auferstehung." Für Franziskus war alles, klein oder groß, was auch immer die Vorsehung ihm brachte, nicht getrennt, sondern ein Teil des göttlichen Körpers. Er wollte Gott in allen Formen lieben, in allem, was ihm widerfuhr, mit all seinem Willen und seiner Kraft. Sein Wunsch, in dieser Liebe zu leben, in der Wirklichkeit seines Bewußtseins und Körpers, die immer Vorwände fanden, sich von ihr zu trennen, quälte ihn ständig.

Eines Tages, als er wieder das strahlende Licht in seinem Herzen und zugleich seine körperliche Mühsal fühlte, betrat er eine leere Kirche hoch in den Hügeln jenseits von Assisi. Die Sonne war im Untergehen begriffen, und eine große Stille umgab den Altar. Franziskus war allein mit seinem Gott, als er auf einmal einen kleinen Vogel hörte, der zur Decke aufflog. Der Vogel schwirrte umher, hinauf und hinunter und suchte einen Weg nach draußen. Franziskus lauschte den schlagenden Flügeln, dem Segeln, dem Suchen des kleinen Vogels und begann zu weinen. Er verstand seine Sehnsucht. Franziskus und sein kleiner Freund sehnten sich beide nach der vollkommenen Freiheit.

Klaras Garten

Klara blieben die ständigen Enttäuschungen über sich selbst auf irgendeine Weise erspart. Daß Körper und Verstand unfähig schienen, zu begreifen, wie gegenwärtig und wie groß Gottes Liebe ist, wurde für Klara nicht so zum Anstoß. Gewiß rangen sie und die Schwestern weniger um Regeln und Anordnungen wie

Franziskus und die Brüder. Aber die Schwestern hatten ihre eigenen Herausforderungen – zum Beispiel, daß sie in einem Kloster eingeschlossen waren, wo doch die Liebe, die sie in ihren Herzen fanden, sie ständig anhielt, alles und jeden zu lieben. Das ganze Leben war ein Teil von Gottes Schönheit, und manche der Schwestern verstanden nicht, warum sie hinter Mauern leben sollten, als ob ein Teil der Welt es nicht wert wäre, ihre Freude zu empfangen.

Klara genoß jedoch allmählich ihre Zeiten des Alleinseins. Zu Anfang wäre sie viel lieber öfter mit Franziskus zusammen gewesen und hätte den Brüdern zugehört, die von ihren Abenteuern berichteten. Im Lauf der Jahre fand sie alles, was sie suchte, im Garten ihres Klosters. Ihr Garten führte sie immer nach innen, zu Gottes Garten in sich selbst. Während Franziskus durch die stillen Berge wanderte und mit den Armen und Leprakranken in den kleinen Dörfern bettelte, saß Klara in ihrem innersten Herzen, in ihrem Garten in San Damiano.

Dieser Garten war mehr als nur ein Ort, in dem Gemüse und Kräuter oder Blumen für den Altar angebaut wurden. Klaras Garten war der Ort, wo der einfache Friede der Schwestern wuchs. Mehrmals täglich kamen viele von ihnen nach getaner Arbeit oder auch mitten darin zu Klara in den Garten, und wenn es nur ein paar Augenblicke war. Sie sogen den Duft und die Schönheit der Blumen, die gerade blühten, in sich ein. Ihre Seelen ließen los und schienen sich in der Stille eines vollkommenen Augenblicks aufzulösen, und die Schwestern waren wieder bereit, einander mit den Hausarbeiten dienen oder ihren persönlichen Pflichten nachzukommen.

Zum Garten war es niemals weit, und das erinnerte sie daran, wie nahe ihnen Gottes Liebe war. Im Sommer blühten überall die Rosen, und jede dieser Rosen schenkte dem Himmel ihr Alles. Im Winter, wenn Klaras Körper sich kalt und einsam fühlte, saß sie oft im Garten und fand, daß der Frühling schon begann. Nie gab es eine Zeit, wo nichts aus der dunklen Erde drang und zum Himmel emporwuchs. Die Liebe war immer gegenwärtig.

Klaras Seele fühlte sich nie verlassen, aber es gab Zeiten, besonders im Winter, jenem selben Winter, der so vielen Brüdern zu schaffen machte, wo auch ihre Gemeinschaft von Kälte und Zweifeln erschüttert wurde. Klara vergaß nie den stetigen Wind, der Tag und Nacht durch das Kloster fegte. Nichts wuchs im Garten, nicht einmal ein paar Stengel oder kleine Blätter. Klara wußte, daß sie trotzdem im Garten sitzen und die Stille, den Frieden finden mußte, der im endlosen Geheul des Windes lag. Als ihr Herz einen stillen Ort suchte, wurde sie sich plötzlich einer Gruppe von Engeln bewußt, die sich an den Händen hielten und in einem Kreise rund um den Garten tanzten. Sie sah sie ganz klar direkt vor sich. Sie waren in weiße Spitzen gekleidet, und ihre Bewegungen waren voller Freude, als sie immer rundherum tanzten. Der Garten verwandelte sich aus der Leere des Winters in ein Gefühl von Ernte und wunderbarem Sonnenschein. Die Engel hoben ihre Spitzengewänder und warfen in ihrem immerwährenden Kreistanz die Füße hoch. Sie verströmten schieres Entzücken. Klara stand wie gebannt. Die Engel, der Garten, alles war in ihrem Herzen und doch auch vollkommen wirklich vor ihren verblüfften Augen. Der Ausdruck ihrer Gesichter, die Weichheit ihrer Hände und Arme ließen Klaras Einsamkeit schwinden. Der Tanz ging eine Weile weiter, bis aus keinem ersichtlichen Grund mehrere Schwestern singend aus dem Schlafsaal kamen. Klara fiel in den Gesang der Schwestern ein. An diesem Tage kehrte die vollkommene Freude in das Kloster zurück, ungeachtet der Jahreszeit.

Wenn sie im Garten von San Damiano saßen, fühlten die Schwestern oft eine Stille, die so rein war, als ob kleine Hände in ihre Herzen griffen. Unsichtbare Finger berührten alte Schmerzen und zogen sie aus wie Unkraut. Vielleicht waren es immer die Engel, die sie berührten, ohne daß sie sie sahen? Vielleicht waren es ihre kleinen Hände, die sie all diese Jahre hindurch befreit hatten?

Es müssen wohl diese Engel gewesen sein, die das Unkraut auszupften und goldene Samen in ihre Herzen säten! Die Samen waren gewachsen. Jetzt waren ihre Herzen voll süßer Ewigkeit.

Die Wundmale

Wie Klara Zuflucht in ihrem Garten fand, so fand Franziskus Zuflucht in Jesus Christus. Beide wußten, daß sie, auch wenn ihr täglicher Weg unterschiedlich schien, in ihrem Inneren dasselbe Licht, dieselbe Freude erlebten. Sie lebten dieselbe Armut, die an nichts festhielt, und gaben ihr ganzes Leben der Liebe hin. Ihre Herzen waren vereint. Auch wenn sie oft getrennt waren, war doch das Herz des anderen niemals sehr weit weg.

Als Franziskus den Hügel von La Verna hinaufstieg, um sich eine Zeitlang zurückzuziehen – ein Rückzug, der sein Leben und das Leben der ganzen Kirche entscheidend verändern sollte –, spürte Klara etwas in ihrem Körper, als ob Franziskus in tödlicher Gefahr schwebte oder sich der himmlischen Glückseligkeit näherte – sie war sich nicht sicher, welches von den beiden.

Oben auf dem Berge fand Franziskus seinen Platz von hohen, zerklüfteten Felsen umgeben. Hier wollte er sich in Schmerz und Glückseligkeit versenken. So viel von beiden hatte in seinem Herzen eine Heimstatt gefunden. Wohin führte all dies? Er konnte nicht länger vom einen zum anderen laufen, als ob das eine richtig und das andere falsch wäre. Der Kreislauf des Strebens nach Vergnügen und des Vermeidens von Schmerz war gebrochen. Franziskus war stetig in seinem Herzen und empfand alles als Gottes vollkommenen Willen. Schmerz oder Glückseligkeit – seine Kontemplation war klar. Seine Liebe galt dem Herrn, dem, der alles schenkt.

Seine Hingabe legte sein Herz frei, so daß er Christus mitten im Zentrum seines Seins fand. Viele Monate lang hatten sich sein

Körper und sein Leben schon auf wunderbare Weise mit dem Körper und Leben Christi vereint gefühlt. Wenn er litt, spürte Franziskus oft einen Druck in seinen Handflächen und an den Füßen, als ob Christus in ihm war und alles für ihn und mit ihm fühlte. Freudig sprang er in die Flammen des Himmels, die in seinem Herzen brannten. Je mehr Schmerz er fühlte, umso stärker wurden die Flammen. Je mehr er sich der Freude öffnete, desto mehr Schmerz konnte sein armer Körper ertragen. Die Schwierigkeiten und Gnaden des Lebens waren einfach nur Brennstoff für die Seele. Gottes Feuer wütete zügellos in Franziskus, als er sich mit zwein seiner engsten Brüder im Wald von La Verna an die Felsen schmiegte.

Niemand wußte, was geschehen würde, Franziskus nicht und auch nicht Klara. Es war nur klar, daß etwas geschehen *mußte*. Franziskus' Seele war zu groß geworden, als daß selbst sein eigenes Herz sie hätte tragen können. Niemand konnte unbegrenzt so viel Schmerz und so viel Jubel fühlen. Menschliche Augen können in einem Wesen nur begrenzt weinen und tanzen.

Mitten in der Nacht, hundert Meilen weiter südlich, erwachte Klara mit einem Schrei. Franziskus war fort. Sie fand ihn nicht mehr in ihrem Herzen. Bis zu diesem Tage war er immer da gewesen. Franziskus und Jesus waren da. Zusammen hatten sie in ihrem Herzen gelebt. Jetzt war nur noch Jesus übrig. Franziskus, zumindest der Franziskus, den sie kannte, war nirgends mehr zu finden.

Klara schrie laut auf. Eine Tagesreise nördlich lag Franziskus sehr eng zusammengerollt, in vollkommener Erwartung in den Felsen. Ein geflügelter Seraphim schwebte über ihm. Als sein Herz aus seiner Leidenschaft in Flammen aufging, durchbohrte der Seraphim mit einem Speer Franziskus' Hände und Füße. Blut rann aus seinen Gliedern und aus seiner Seite. Die Trennung war vorüber. Franziskus hatte, was er wollte. Seine Sehnsucht hatte ihn für immer mit Gottes Sohn vereinigt. Die Liebe hatte den Augenblick ergriffen und Franziskus der Ewigkeit ausgeliefert. Er war mit den Wundmalen gezeichnet, geborgen in der Passion des Herrn. Franziskus war endlich ganz lebendig.

Die letzte Feier

Die Kunde verbreitete sich, daß zum ersten Male ein heiliger Mann mit den Wunden Jesu Christi in Italien lebte. Die Brüder wunderten sich, wie lange Franziskus mit den Wunden seines Körpers und dem ständigen Blutverlust leben konnte. Franziskus versuchte, seine Wunden zu verbergen, aber das Gerücht und der Klatsch verbreiteten sich rasch. Jeder wollte diesen armen Bettler kennenlernen und berühren.

Franziskus war mit Körper und Seele eins geworden. Nach Jahren des Leidens und der Freude sprachen der Liebende, der Dichter, der Sänger, der Mönch und der Heilige jetzt mit einer Stimme. Die Worte, die er in seinem Inneren fand, zeigen einen Heiligen, der sich nicht in der Weite Gottes verloren, sondern in der Innigkeit des Lebens und der Liebe um ihn her gefunden hatte. Franziskus' Herz hatte endlich heimgefunden im Lobpreis seines Schöpfers:

„Höchster, Allmächtiger, guter Herr, Dein ist der Preis, die Herrlichkeit, die Ehre und der Segen. Dir allein, Höchster, gehören sie, und kein Mensch verdient, Deinen Namen zu nennen. Gelobt seist Du, mein Herr, mit all Deinen Geschöpfen, besonders dem Herrn Bruder Sonne, der der Tag ist und durch den Du uns Licht gibst. Und er ist schön und strahlend mit großer Pracht und ist ein Abbild von Dir, Höchster. Gepriesen seist Du, mein Herr, durch Schwester Mond und die Sterne; im Himmel hast Du sie klar und kostbar und schön gebildet. Gepriesen seist Du, mein Herr, durch den Bruder Wind und durch die Luft, wolkig und heiter, und jede Art von Wetter, durch das Du Deine Geschöpfe unterhältst. Gepriesen seist Du, Mein Herr, durch Schwester Wasser, die sehr nützlich, demütig, kostbar und

keusch ist. Gepriesen seist Du, mein Herr, durch Bruder Feuer, durch den Du die Nacht erhellst, und er ist schön und spielerisch und kräftig und stark. Gepriesen seist Du, mein Herr, durch unsere Schwester Mutter Erde, die uns erhält und regiert und die verschiedenartige Früchte mit bunten Blumen und Kräutern hervorbringt. Gepriesen seist Du, mein Herr, durch jene, die um Deiner Liebe willen verzeihen und Krankheit und Kummer tragen. Gesegnet sind die, die in Frieden erdulden, denn durch Dich, mein Herr, werden sie gekrönt werden. Gepriesen seist Du, mein Herr, durch unsere Schwester, den körperlichen Tod, dem kein lebender Mensch entgeht. Wehe denen, die in Todsünde sterben. Gesegnet jene, die der Tod in Deinem heiligsten Willen findet, denn der zweite Tod wird ihnen nicht schaden. Preiset und segnet meinen Herrn und danket Ihm und dienet Ihm mit großer Demut." (Inschrift in Perugia)

Die Brüder luden Franziskus auf seinen Esel und sahen voller Verwunderung, wie die Schmerzen in seinen Händen und Füßen noch größere Liebe aus seinen Augen strahlen ließen. Franziskus war frei, in vollkommener Freude. Es war nicht Blut, das aus ihm floß, sondern Leben. Die Kirche, die Armen, der Adel, fast alle feierten ihren neuen Helden, ihren Heiligen. Franziskus saß einfach auf seinem Esel und fühlte Gottes Freude aus seinem Körper bluten. Tage wurden zu Wochen und Wochen zu Monaten. Zwei Jahre lang reiste Franziskus mit den Wunden seines Geliebten und Herrn in der Gegend umher. „Wir sind zur Heiligkeit berufen", sagte er. „Wir sind zur Heiligkeit berufen. Gott will Heiligkeit für uns." Die meisten Leute zu dieser Zeit waren jedoch mehr darauf erpicht, von Franziskus gesegnet zu werden, als in seine Fußstapfen zu treten.

Mehr denn je wurde Franziskus von den Führern der Kirche zu Besuch geladen. Wenn er kam, hofften sie, die besten Ärzte würden einige seiner Krankheiten heilen können. Als er im Hause des Bischofs von Perugia weilte, war Franziskus sicher, daß es nicht mehr lange dauern würde, bis er seinen Körper als schlichte Asche zurücklassen und sich mit dem Feuer und der Herrlichkeit des Himmels vereinen würde. Franziskus lud die Brüder ein, nachts an sein Bett zu kommen und zu singen und den kommenden Übergang zu feiern. Die Leute der Stadt fanden es skandalös, daß ihr Heiliger und seine Brüder jede Nacht sangen, als ob dies alles ein Fest wäre. Sie bestanden darauf, daß der Bischof diese Feiern untersagte und daß Franziskus und die Brüder sich würdevoll benahmen.

Als Franziskus die Bitte des Bischofs hörte, wußte er nicht, ob er lachen oder weinen sollte. Er hatte schon gehört, daß einige der Adligen Opfergaben sammelten, um für das Begräbnis des Heiligen eine große Kathedrale zu bauen. Es war absurd, denn Franziskus wußte, daß er ebenso menschlich war wie alle anderen. Er nahm diesen hohen Beamten das Versprechen ab, ihn dort zu beerdigen, wo die schlimmsten Verbrecher und die Dirnen lagen, die Menschen, für die niemand etwas übrig hatte: außerhalb der Mauern von Assisi. Die Kirche und der Adel stimmten seiner Bitte zu und verfolgten insgeheim weiter ihre Pläne, eine der größten Basiliken Italiens zu bauen.

Franziskus konnte dem Wunsch des Bischofs von Perugia nicht nachkommen. Er konnte die Brüder nicht davon abhalten, des Nachts an sein Bett zu kommen und mit ihm zu singen. Statt dessen erhob er seinen müden Körper noch einmal und begab sich nach Hause und zu seiner letzten Ruhestätte, nach Assisi. Seine engsten Brüder wußten und fühlten, daß ihr Führer und bester Freund sie bald verlassen würde.

Franziskus' Körper war elender denn je. Er bestand buchstäblich nur noch aus Blut und Tränen. Niemand wußte mehr, ob er in der Freude oder in Schmerzen war. Franziskus war tief nach innen gesunken, wohin nur Engel und die reinsten der Brüder ihm folgen konnten. Die Sonne ging unter. Franziskus hatte seine Kutte ausgezogen und seinen Körper mit Asche bedeckt. Er setzte sich auf und sandte Segen an Klara und die Schwestern in San

Damiano. Er blickte noch einmal den Hügel hinauf und sandte all seine Liebe an diese und alle Generationen der Menschen von Assisi. Dann legte er sich hin und übergab sich selbst als eine einfache Seele, bereit für die Gärten des Himmels.

In diesem Augenblick erhoben sich alle Schwalben von Assisi in den Himmel und sangen laut ihr Lied. Überall in Italien fühlten die Brüder und Schwestern, die Freunde und Bekannten, wie sich etwas in ihren Herzen bewegte. Heiligkeit war da. Himmel und Erde waren dichter zusammengerückt. Seit damals fühlen Menschen überall auf der Erde, gleich welcher Religion und Erziehung, daß das Leben des Franziskus von Assisi die Sehnsucht ihrer eigenen Seele ausdrückt. Heilungen, Wunder, göttliche Visitationen und das strahlende weiße Licht erlebten von da an über die Jahrhunderte hinweg zahllose Menschen. Ein Mensch, Franziskus von Assisi, in seinem Wunsche, Gott zu erkennen, hat der Welt die Gabe der schönsten Liebe geschenkt. Franziskaner und all die Menschen, die gar nicht wissen, daß sie Franziskaner sind, sondern der Sehnsucht und dem tiefsten Gebete ihres Herzens folgen, haben Franziskus' Weg gefunden, den Weg des einfachen Friedens.

Bücherverzeichnis

Murray Bodo, Clare, A Light in the Garden, St. Anthony Messenger Press 1979

Murray Bodo, O.F.M., The Way of St. Francis, Doubleday Image Book 1985

Francis and Clare, The Complete Works, Engl. Übersetzung von Regis Armstrong O.F.M. CAP. und Ignatius C.Brady, O.F.M., Paulist Press 1982

Julien Green, Bruder Franz, Herder Spectrum 1993

Die Blümlein des Heiligen Franziskus von Assisi, Insel TB 48. Frankfurt: Insel Verlag 1973

Nikos Kazantzakis, Mein Franz von Assisi, Ullstein TB 22261, Frankfurt 1992

Felix Timmermans, Franziskus, Insel TB, Wiesbaden 1952 (vergriffen, keine Neuauflage)

Saint Francis of Assisi, Omnibus of Sources Writings and Early Biographies Ed. Marion A. Habig, Franciscan Herald Press 1973

Lektürevorschläge

Die Blümlein des Heiligen Franziskus von Assisi. Insel TB 48. Frankfurt, Insel Verlag 1973

Franz von Assisi: Geliebte Armut. Reihe: Texte zum Nachdenken. Herausgegeben von Th. u. G. Satory. Freiburg, Herder 1988.

Bruce Davis, Blumen für Dich; Seeon, Ch.Falk-Verlag 1988

Bruce Davis, Kloster ohne Mauern; Seeon, Ch.Falk-Verlag 1990

Bruce Davis, Ph.D.

Dr. Bruce Davis leitet Pilgerreisen nach Assisi und in das nahegelegene Rietital, in dem der Heilige Franziskus sich oft aufhielt. Menschen aus vielen Ländern nehmen an diesen Pilgerreisen teil, die ihnen helfen sollen, zu einem echten spirituellen Leben zu finden und sich dem Leben ihrer Seele zu öffnen. Außerdem leitet Bruce spirituelle Einkehrtage in vielen Teilen Europas. In Kalifornien arbeitet Bruce als Honorarprofessor an der J.F.K. Universität.

Er ist Autor zahlreicher Bücher, u.a. *Das magische Kind in dir, Liebe heilt, Blumen für Dich* und *Kloster ohne Mauern* und eines Kartensets für die tägliche Meditation, *Geschenke des Augenblicks*.